POPOL VUH & CHILAM BALAM

LOS LIBROS SAGRADOS DE LOS MAYAS

FONTANA

POPOL VUH & CHILAM BALAM

LOS LIBROS SAGRADOS DE LOS MAYAS

PRÓLOGO Y PRESENTACIÓN:
FRANCESC LLUIS CARDONA,
Doctor en Historia y Catedrático

POPOL VUH & CHILAM BALAM

Prólogo / Presentación: Francesc Lluis Cardona
Diseño gráfico / Ilustración portada: Daniel Jurado

Edita: Olmak Trade S.L.
C/ Roca Plana 1
08110 - Montcada i Reixac
Barcelona (España)

www.olmaktrade.com
info@olmaktrade.com

 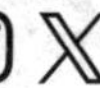 @O_BookTrade
#ClásicosFontana

Impreso en España / Printed in Spain

I.S.B.N: 978-84-10109-63-6
Depósito Legal: B 10091-2024

ESTUDIO PRELIMINAR

El *Popol Vuh* y el *Chilam Balam*

Las fuentes documentales más importantes para el estudio de la Mitología Maya, el *Popol Vuh* o *Libro de la Esfera*, elaborado por los mayas de las tierras altas, escrito en maya-quiché, después de la conquista a mediados del siglo XVI, al parecer por un guatemalteco cristianizado y transcrito con caracteres latinos, a comienzos del siglo XVIII, por un monje, Francisco Jiménez, quien añadió también la traducción al español.

El *Chilam Balam*, libros indígenas del *Sacerdote Jaguar* y la *Relación de las cosas del Yucatán* compuesta por el franciscano fray Diego Landa (1524-1579) junto con los restos pétreos monumentales (*El Caracol*, pirámides escalonadas), pinturas murales, relieves, estelas, además de las investigaciones realizadas con los descendientes de las tribus mayas precolombinas como por ejemplo los lacandones, constituyen el riquísimo acervo para la reconstrucción de esta singular cultura.

El *Popol Vuh* es un libro en el que una pequeña parte histórica se mezcla con mucha mitología. Durante siglos, los estudiosos abrigaban la esperanza de que existía en un lugar de Guatemala esta fabulosa recopilación, pero no acababa de encontrarse. A comienzos del siglo XIX, Félix Cabrera la había utilizado con certeza, pero su paradero continuaba siendo un misterio.

En 1854 el doctor austríaco C. Scherzer se desplazó a Guatemala con objeto de descubrirla definitivamente. Tras una minuciosa búsqueda, encontró el perdido manuscrito en la Universidad de San Carlos de la capital de Guatemala en donde se guardaba desde 1830 procedente de la biblioteca del convento de Chichicastenango en donde el copista lo había llevado en el siglo XVIII. El abate francés Charles Etienne Brasseur de Bourbour (1834-1874) publicó una primera versión en francés con caracteres latinos.

Los libros del *Chilam Balam* (Libros del adivino de las cosas ocultas) son colecciones de textos en lengua maya yucateca escritas en alfabeto latino y compilados durante los siglos XVII y XVIII por escritores locales a partir de múltiples documentos anteriores, entre ellos también textos cuyo contenido alcanza a la llegada de los españoles. De entre los numerosos libros *Chilam Balam* que hubo en el pasado apenas se han conservado una docena y media. Se les denomina por el nombre de los poblados en los que fueron hallados o se conservaron los manuscritos. El más importante es el *Chilam Balam* de Chumayel.

Esta obra de fuerte carácter mitológico y profético, alterna textos históricos, religiosos, astronómicos y médicos. En ellos destaca la creación del universo y la destrucción total de un mundo anterior por un diluvio. Sin embargo, permanecen todavía indescifrables muchos de los símbolos y metáforas que aparecen en este acto de la creación.

Los primeros que dieron a conocer la colección encontrada a Occidente en la época moderna fueron el norteamericano John Lloyd Stephens (1805-1852) y el inglés Frederich Catherwood (1799-1854) que acompañó a éste como dibujante.

El *Popol Vuh* registra la historia integral de los mayas-quichés, desde el horizonte cazador-recolector hasta el nivel de la civilización clásica. Esta historia se articula en cuatro etapas que representan toda la evolución histórica del pueblo maya-quiché.

Cada etapa o Edad mitológica corresponde a un ciclo cultural que se caracteriza por su propio contexto existencial: la cultura espiritual y material, estilo de vida, valores humanos, las instituciones y las formas sociales, religiosas y económicas de cada horizonte cultural, se expresan en el modo de vivir, de pensar y de expresarse de los personajes que desfilan sucesivamente en el escenario mítico. Los mitos describen con precisión y colorido la vida de las familias-tipo que ejemplifican la cultura de cada etapa cultural.

En el concepto de los mayas-quichés, la Historia es el Ser Humano y su comunidad histórica a través del tiempo. Concepción pues muy moderna. La generación actual vivía en la cuarta edad. Los astrónomos mayas asignaban al pasado cientos de millones de años. ¿Concibieron el tiempo sin origen? Quizá. Sin embargo, otra creencia le daba principio y fin.

Según el relato de la creación contenido en el *Popol Vuh* existieron tres creaciones sucesivas. En la primera, únicamente había el agua y al ordenarlo la divinidad aparecieron las tierras. Los seres que surgieron entonces no pudieron ni hablar ni alabar a los dioses. Luego éstos crearon una especie superior hecha de barro, pero sin inteligencia, de tal forma que se disolvieron. Luego construyeron unos hombres de madera de rostro inexpresivo. Llenas de cólera, las divinidades, aniquilaron a aquellas criaturas con una lluvia mortífera. De los que lograron salvarse provienen los monos. La carne de la nueva generación se hizo de maíz amarillo y blanco. Primero fueron creados cuatro hombres que eran parecidos a los dioses y veían toda la Tierra. Pero para limitarles les interpusieron una neblina. Después, crearon a las mujeres, y, por último, a los astros.

Existía una divinidad específicamente consagrada al maíz, cuyo cultivo requería un ritual muy complicado, para que obtuviera la protección del dios.

Cierto mito nos narra que una gran montaña albergaba al maíz, las hormigas se habían aprovechado de él sacándolo grano a grano hasta que después se enteraron varios animales. Finalmente lo hizo el ser humano quien para beneficiarse del maravilloso cereal pidió auxilio a los *chaques*, dioses de la lluvia. Estos enviaron rayos que horadaron la roca y quemaron una parte. Igualmente les ayudó al pájaro carpintero haciéndose sangre en el pico (por eso dicho animal posee la cabeza roja). Como consecuencia de todo ello, surgieron las diversas variedades del maíz: negro (quemado), amarillo (por el humo que desprendió el quemado), rojo (por la sangre del pájaro) y blanco que quedó intacto.

Los mayas poseyeron dos calendarios, un *religioso* o *ritual* que duraba 260 días con base vigesimal. A cada signo del día le correspondía un ser sobrenatural que condicionaba el Destino de las personas desde el día de su nacimiento e influía en él de forma persistente. Según el *Chilam Balam* el signo del día *maluk*: "El tiburón es su mensaje. Devora descendientes y esposas, así como a los alimentos". El día de *chauwen* tiene, en cambio, un pronóstico optimista: "Es el carpintero, el tallista. Es el mensaje de los artistas. Es acaudalado y muy bueno. Lo conseguirá todo. Es prudente."

El *calendario ordinario haab* o *tun* era de 365 días, similar al solar. Estaba dividido en 18 periodos de 20 días cada uno, comparables a nuestro calendario denominados Winal (o unial). Al término de los 360 días se añadía un mes de cinco días (los *durmientes* del año o los *días sin nombre*) a los que se atribuían toda suerte de males. La unidad de tiempo era el día, *Kin*.

20 *tunes* o *haabs* equivalían a un *katún*, 20 *Katunes* a un *Baktuin*.

Los mayas creían que los dioses no eran seres benévolos que concedían el bien por voluntad propia. Por eso hacía falta dar algo a cambio; ofrendas de incienso, alimentos o sangre. Se busca una explicación a los sacrificios humanos apelando al fortalecimiento de los dioses sobre los demás (idea quizás tomada del militarismo azteca) a base de sangre humana. Practicaron también autosacrificios humanos y derramamientos de sangre. En el *Chilam Balam* aparece claramente, según sus profecías, la llegada de los conquistadores españoles y las muchas enfermedades y epidemias que se abatieron sobre los mayas que provocaron en conjunto el hundimiento de la antigua civilización maya quiche con la introducción del Dios único (al que los mayas habían elucubrado en los últimos tiempos como Dios Creador, aunque no le canalizaran mucho culto por creerlo excesivamente preocupado en su elevadísima misión). El *Chilam Balam* narra claramente con apasionados acentos lo que se ha venido llamar como choque o encuentro de civilizaciones.

Francesc Ll. Cardona

Popol Vuh

1

Aquí relataremos la ancestral historia llamada Quiché. Aquí recogeremos los inicios de las viejas crónicas del principio, del origen, de todo lo que hicieron en la ciudad Quiché los hombres de las tribus Quiché. Aquí recogeremos la declaración, la manifestación, la aclaración de lo que estaba oculto, de lo que fue iluminado por los Constructores, los Formadores, los Procreadores, los Engendradores; sus nombres: Maestro Mago del Alba, Maestro Mago del Día [Gran Cerdo del Alba], Gran Tapir del Alba, Dominadores, Poderosos del Cielo, Espíritus de los Lagos, Espíritus del Mar, Los de la Verde Jadeita, Los de la Verde Copa; así se llamaban. Se rogaba con ellos, se invocaba con ellos, a los llamados Tatarabuela, Tatarabuelo, Antiguo Secreto, Antigua Ocultadora, Guarda Secreto, Ocultadora, Abuela [que forma parte] de la Pareja [Mágica de Abuelos], Abuelo de la [misma] Pareja. Así está dicho en la historia Quiché todo lo que ellos dijeron, lo que ellos hicieron, en el alba de la vida, en el alba de la historia. Describiremos [lo que sucedió] antes de la Palabra de Dios, antes del Cristianismo: lo reproduciremos porque no se conserva [ya más] la visión del Libro del Consejo, la visión del alba de la llegada de ultramar, de nuestra [vida en la] sombra, la visión del alba de la vida, como se menciona.

2

Este libro es el primer libro, recogido hace tiempo, pero su cara está oculta [hoy] al que ve, al pensador. Grande era la exposición, la historia de cuando se acabaron de medir todos los ángulos del cielo, de la tierra, la cuadrangulación, su medida, la medida de las líneas, en el cielo, en la tierra, en los cuatro ángulos, de los cuatro rincones, tal como había sido dicho por los Constructores, los Formadores, las Madres, los Padres de la vida, de la existencia, los de la Respiración, los de las Palpitaciones, los que engendran, los que piensan. Luz de las tribus, Luz de los hijos, Luz de la prole, Pensadores y Sabios, sobre todo lo que está en el cielo, en la tierra, en los lagos, en el mar. He aquí el relato de cómo todo estaba en suspenso, todo sosegado, todo inmóvil, todo apacible, todo silencioso, todo vacío, en el cielo, en la tierra. He aquí la primera historia, la primera descripción. No había un solo hombre, un solo animal, pájaro, pez, cangrejo, madera, piedra, caverna, barranca, hierba, selva. Sólo el cielo existía. La faz de la tierra no aparecía; sólo existían la mar limitada, y todo el espacio del cielo. No había nada reunido, junto. Todo era invisible, todo estaba quieto en el cielo. No existía nada edificado. Únicamente el agua limitada, únicamente la mar tranquila, única, limitada. Nada existía. Únicamente la quietud, el silencio, en las tinieblas, en la noche. Sólo los Constructores, los Formadores, los Dominadores, los Poderosos del Cielo, los Procreadores, los Engendradores, estaban sobre el agua, luz esparcida. [Sus símbolos] estaban envueltos en las plumas, las verdes; sus nombres [gráficos] eran, pues, Serpientes Emplumadas. Son grandes Sabios. Así es el cielo, [así] son también los Espíritus del Cielo; tales son, se relata, los nombres de los dioses. Entonces vino la Palabra ; vino aquí de los Dominadores, de los Poderosos del Cielo, en las tinieblas, en la noche: fue pronunciada por Ellos; hablaron: entonces celebraron consejo, pensaron, se conjuntaron, unieron sus palabras, sus sabidurías. Se mostraron, meditaron, en el momento del alba; decidieron [construir] al hombre, mientras celebraban consejo sobre la producción, la existencia de los árboles, de los bejucos, la producción de la vida, de la propia existencia, en las tinieblas, en la noche, por los Espíritus del Cielo llamados Maestros Gigantes. Maestro Gigante Relámpago es el primero. Huella del Relámpago es el segundo. Esplendor del Relámpago es el tercero: estos tres son los Espíritus del Cielo. Entonces se reunieron con ellos los Dominadores, los Poderosos del Cielo. Celebraron consejo sobre el alba de la vida, cómo se haría la germinación, cómo se haría el alba, quién sostendría, protegería. "Que así sea, fecundaos. Que esta agua marche, se vacíe. Que la tierra nazca, se afirme", dijeron. "Que la germinación se haga, que el alba se haga en el cielo, en la tierra, porque [no tendremos] ni adoración ni manifestación por nuestros construidos, nuestros formados, hasta que nazca el hombre construido, el hombre formado": así hablaron, por lo cual nació la tierra. Tal fue en verdad el nacimiento de la tierra existente. "Tierra", dijeron y acto seguido nació. Solamente una niebla, solamente una nube [fue] el nacimiento de la materia. Entonces salieron del agua las montañas: al instante surgieron las grandes montañas. Solamente por Ciencia Mágica, por el Poder Mágico, fue hecho lo que había sido decidido [concerniente a] los montes, [a] las llanuras; en seguida nacieron a la vez en la superficie de la tierra los cipresales, los pinares. Y los Poderosos del Cielo se regocijaron así: "Sed los bienvenidos, ¡Oh Espíritus del Cielo! ¡Oh Maestro Gigante [Relámpago]! ¡Oh Huella del Relámpago! ¡Oh Esplendor del Relámpago!". "Que se acabe nuestra construcción, nuestra formación", fue contestado. Primero nacieron la tierra, los montes, las llanuras; se pusieron en camino las aguas; los arroyos caminaron entre los montes; así tuvo lugar la puesta en marcha de las aguas cuando surgieron las grandes montañas. Así fue el nacimiento de la tierra cuando nació por [orden] de los Espíritus del Cielo, de los Espíritus de la Tierra, pues así se llaman los que primero fecundaron, estando el cielo en suspenso, estando la tierra en suspenso en el agua; así fue fecundada cuando ellos la fecundaron: entonces su conclusión, su composición, fue proyectada por ellos.

3

De inmediato fecundaron a los animales de las montañas, guardianes de todas las selvas, los seres de las montañas: venados, pájaros, pumas, jaguares, serpientes, víboras, ganti, guardianes de los bejucos. Entonces los Procreadores, los Engendradores, dijeron: "¿No habrá más que silencio, inmovilidad, al pie de los árboles, de los bejucos? Bueno es, pues, que haya guardianes"; así dijeron, fecundando, hablando. Al instante nacieron los venados, los pájaros. Entonces otorgaron sus moradas a los venados, a los pájaros. "Tú, venado, sobre el camino de los arroyos, en las barrancas, dormirás; aquí vivirás, en las hierbas, en las malezas; en las selvas, procrearás; sobre cuatro pies irás, vivirás". Fue hecho como fue anunciado. Entonces fueron también [otorgadas] las moradas de los pajarillos, de los grandes pájaros. "Pájaros, anidaréis sobre los árboles, sobre los bejucos viviréis; engendraréis, os multiplicaréis sobre las ramas de los árboles, sobre las ramas de los bejucos". Así fue dicho a los venados, a los pájaros, para que hiciesen lo que debían hacer; todos tomaron sus habitáculos, sus moradas. Así los Procreadores, los Engendradores, dieron sus casas a los animales de la tierra. Estando pues todos terminados, venados, pájaros, les fue dicho a los venados, a los pájaros, por los Constructores, los Formadores, los Procreadores, los Engendradores: "Hablad, gritad; podéis gorjear, gritar. Que cada uno haga oír su lenguaje según su clan, según su manera". Así fue dicho a los venados, pájaros, pumas, jaguares, serpientes. "En adelante decid nuestros nombres, alabadnos, a nosotros vuestras madres, a nosotros vuestros padres. En adelante llamad a Maestro Gigante [Relámpago], Huella del Relámpago, Esplendor del relámpago, Espíritus del Cielo, Espíritus de la Tierra, Constructores. Formadores, Procreadores. Engendradores. Habladnos, invocadnos, adoradnos", se les dijo. Pero no pudieron hablar como hombres: solamente cacarearon, solamente mugieron, solamente graznaron; no se manifestó [ninguna] forma de lenguaje, hablando cada uno de distinta manera. Cuando los Constructores, los Formadores, oyeron sus palabras impotentes, se dijeron unos a otros: "No han podido decir nuestros nombres, de nosotros los Constructores, los Formadores". "No está bien", se respondieron unos a otros los Procreadores, los Engendradores, y dijeron: "He aquí que seréis cambiados porque no habéis podido hablar. Cambiaremos nuestra Palabra. Vuestro sustento, vuestra alimentación, vuestros dormitorios, vuestras moradas, los tendréis: serán las barrancas, las selvas. Nuestra adoración es imperfecta si vosotros no nos invocáis. ¿Habrá, podrá haber adoración, obediencia, en los [seres] que crearemos? Vosotros recibiréis vuestra servidumbre: vuestra carne será molida entre los dientes; que así sea, que tal sea vuestra servidumbre". Así les fue entonces dicho, ordenado, a los animalitos, a los grandes animales de la superficie de la tierra; pero éstos quisieron tentar su suerte, quisieron tentar la prueba, quisieron probar la adoración, mas no entendiendo de ningún modo el lenguaje unos de otros, no se comprendieron, no pudieron obrar de ningún modo. Tal fue, pues, la servidumbre de su carne; así el fardo de ser comidos, de ser muertos, fue [impuesto] aquí sobre todos los animales de la superficie de la Tierra. En seguida fueron ensayados seres construidos, seres formados, por los Constructores, los Formadores, los Procreadores, los Engendradores. "Que se pruebe todavía. Ya se acerca la germinación, el alba. Hagamos a nuestros sostenes, a nuestros protectores. ¿Cómo ser invocados, venerados, en la superficie de la tierra? [Ya] hemos ensayado con nuestra primera construcción, nuestra formación, sin que por ella pueda realizarse nuestra adoración, nuestra manifestación. Probemos, pues, a hacer sumisos, respetuosos sostenes, protectores", dijeron. Entonces fue la construcción, la formación. De tierra hicieron la carne. Vieron que aquello no estaba bien, sino que se caía, se amontonaba, se ablandaba, se mojaba, se cambiaba en tierra, se fundía; la cabeza no se movía; el rostro [quedábase vuelto] a un solo lado; la vista estaba velada; no podían mirar detrás de ellos; al principio hablaron, pero sin sensatez. En seguida, aquello se licuó, no se sostuvo en pie. Entonces los Constructores, los Formadores, dijeron otra vez: "Mientras más se trabaja, menos puede él andar y engendrar". "Que se celebre, pues, consejo sobre eso", dijeron. Al instante deshicieron, destruyeron una vez más su construcción, su formación, y después dijeron: "¿Cómo haremos para que nos nazcan adoradores, invocadores?" Celebrando consejo de nuevo, dijeron entonces: "Digamos a Antiguo Secreto, Antigua Ocultadora, Maestro Mago del Alba, Maestro Mago del Día: «Probad de nuevo la suerte de su formación»". Así se dijeron unos a otros los Constructores, los Formadores, y hablaron a Antiguo Secreto, Antigua Ocultadora. En seguida, el discurso dicho a aquellos augures, a la Abuela del Día, a la Abuela del Alba por los Constructores, los Formadores; he aquí sus nombres: Antiguo Secreto, Antigua Ocultadora. Y los Maestros Gigantes hablaron, así como los Dominadores, los Poderosos del Cielo. Dijeron entonces a los de la Suerte, los de [su] Formación, a los augures: "Es tiempo de concertarse de nuevo sobre los signos de nuestro hombre creado, de nuestro hombre formado, como nuestro sostén, nuestro protector, nuestro invocador, nuestro conmemorador. Comenzad, pues, las Palabras [Mágicas], Tatarabuela, Tatarabuelo, nuestra Abuela, nuestro Abuelo, Antiguo Secreto, Antigua Ocultadora. Haced pues que haya germinación, que haya alba, que seamos invocados, que seamos adorados, que seamos conmemorados, por el hombre creado, el hombre formado, el hombre construido, el hombre moldeado. Haced que así sea. Declarad vuestros nombres: Maestro Mago del Alba, Maestro Mago del Día, Pareja Procreadora, Pareja Engendradora, Gran Cerdo del Alba, Gran Tapir del Alba. Los de las Esmeraldas. Los de las Gemas, Los del Punzón, Los de las Tablas, Los de la Verde Jadeíta, Los de la Verde Copa, Los de la Resina, Los de los Trabajos Artísticos, Abuela del Día, Abuela del Alba. Sed llamados así por nuestros construidos, nuestros formados. Haced vuestros encantamientos por vuestro maíz, por vuestro tzité. ¿Se hará, acontecerá, que esculpamos en madera su boca, su rostro?" Así fue dicho a los de la Suerte. Entonces [se efectuó] el lanzamiento [de los granos], la predicción del encantamiento por el maíz, el tzité. "Suerte, fórmate", manifestaron una abuela, un abuelo. Ahora bien, este abuelo era El del Tzité, llamado Antiguo Secreto; esta abuela era la de la Suerte, la de [su] formación, cuyo nombre era Antigua Ocultadora con Gigante Abertura. Cuando se decidió la suerte, se habló así: "Tiempo es de concertarse. Hablad; que oigamos y que hablemos, digamos, si es preciso que la madera sea labrada, sea esculpida por Los de la Construcción, Los de la Formación, si ella será el sostén, el protector, cuando se haga la germinación, el alba". "Oh maíz, oh tzité, oh suerte, oh [su] formación, asíos, ajustaos", fue dicho al maíz, al tzité, a la suerte, a [su] formación. "Venid a picar ahí, oh Espíritus del Cielo. No hagáis bajar la boca, la faz de los Dominadores, de los Poderosos del Cielo", dijeron. Entonces dijeron la cosa recta: "Que así sean, así, vuestros monigotes, los [muñecos] construidos de madera, hablando, charlando en la superficie de la tierra". "Que así sea", se respondió a sus palabras. Al instante fueron creados los monigotes, los [muñecos] construidos de madera; los hombres se multiplicaron, los hombres hablaron; existió la humanidad en la superficie de la tierra. Vivieron, engendraron, hicieron hijas, hicieron hijos, aquellos monigotes, aquellos [muñecos] construidos de madera. No tenían ni ingenio ni inteligencia, ningún recuerdo de sus Constructores, de sus Formadores; andaban, caminaban sin una meta. No se acordaban de los Espíritus del Cielo; por eso no sobrevivieron. Sólo fue un ensayo, solamente una tentativa de humanidad. Al principio hablaron, pero sus rostros se desecaron; sus pies, sus manos, [eran] sin consistencia; ni sangre, ni humores, ni humedad, ni grasa; mejillas desecadas [eran] sus rostros; secos sus pies, sus manos; comprimida su carne. Por tanto [no había] ninguna sabiduría en sus cabezas, ante sus Constructores, sus Formadores, sus Procreadores, sus Animadores. Éstos fueron los primeros seres humanos que existieron en la superficie de la tierra.

4

En seguida [llegó] el fin, la pérdida, la destrucción, la muerte de aquellos monigotes, [muñecos] fabricados de madera. Entonces fue hinchada la inundación por los Espíritus del Cielo, una gran inundación fue provocada: llegó por encima de las cabezas de aquellos monigotes, [muñecos] fabricados de madera. El tzité, el maíz, [fue la] carne del hombre: pero cuando por los Constructores, los Formadores, fue labrada la mujer, el sasafrás [fue la] carne de la mujer. Esto entró en ellos por la voluntad de los Constructores de los Formadores. Pero no pensaban, no hablaban ante los de la Construcción. Los de la Formación, sus Hacedores, sus Vivificadores. Y su muerte fue esto: fueron ahogados;

vino la inundación, vino del cielo una abundante resina. El llamado Cavador de Rostros vino a arrancarles los ojos: Murciélago de la Muerte, vino a cortarles la cabeza: Brujo-Pavo vino a comer su carne: Brujo-Búho vino a triturar, a romper sus huesos, sus nervios: fueron triturados, fueron pulverizados, en castigo de sus rostros, porque no habían pensado ante sus Madres, ante sus Padres, los Espíritus del Cielo llamados Maestros Gigantes. A causa de esto se ennegreció la superficie de la tierra, comenzó la lluvia tenebrosa, lluvia de día, lluvia de noche. Los animales pequeños, los animales grandes, llegaron: la madera, la piedra, mostraron sus rostros. Sus piedras de moler [metales], sus vajillas de barro, escudillas, ollas, perros, pavos, todos hablaron; tantos cuantos había, manifestaron sus rostros. "Nos hicisteis daño, nos comisteis; os toca el turno; seréis sacrificados", les dijeron sus perros, sus pavos. He aquí y sus piedras de moler: "Teníamos diariamente queja de vosotros; por la noche, al alba, siempre: «Descorteza, descorteza, rasga, rasga» sobre nuestras faces, por vosotros. He aquí, para comenzar, nuestro cargo a vuestra faz. Ahora que habéis cesado de ser hombres, probaréis nuestras fuerzas: amasaremos, morderemos, vuestra carne", les dijeron sus piedras de moler, Y he aquí, que hablando a su vez, sus perros les dijeron: "¿Por qué no nos dabais nuestro sustento? Desde que éramos visto, nos perseguíais, nos echabais fuera: vuestro instrumento para golpearnos estaba listo mientras comíais. Entonces vosotros hablabais bien, nosotros no hablábamos. Sin ello no os mataríamos ahora. ¿Cómo no razonabais? ¿Cómo no pensabais en vosotros mismos? Somos nosotros quienes os borraremos [de la faz de la tierra]; ahora sufriréis los huesos de nuestras bocas, os comeremos": [así] les dijeron sus perros, mostrando sus rostros. Y he aquí que a su vez sus ollas, y vajillas de barro, les hablaron: "Daño, dolor nos hicisteis, carbonizando nuestras bocas, carbonizando nuestras faces, poniéndonos siempre ante el fuego. Nos quemabais sin que nosotros pensáramos mal; vosotros lo sufriréis a vuestro turno, os quemaremos", dijeron todas las ollas, manifestando sus fases. Del mismo modo las piedras del hogar encendieron fuertemente el fuego puesto cerca de sus cabezas, les hicieron daño. Empujándose [los hombres] corrieron, llenos de angustia. Quisieron subir a sus mansiones, pero derruyéndose, sus hogares les hicieron caer. Quisieron subir a los árboles; los árboles los lanzaron a lo lejos. Quisieron entrar en los agujeros, pero los agujeros despreciaron a sus rostros. Tal fue la ruina de aquellos hombres construidos, de aquellos hombres formados, hombres para ser destruidos, hombres para ser aniquilados; sus bocas, sus rostros, fueron todos destruidos, aniquilados. Se dice que su posteridad [son] esos monos que viven actualmente en las selvas ; éstos fueron su descendencia porque sólo madera había sido puesta en su carne por los Constructores, los Formadores. Por eso se parece al hombre ese mono, posteridad de una generación de hombres construidos, de hombres formados, pero [que sólo eran] monigotes, [muñecos] fabricados de madera.

5

No había, pues, más que una luz confusa en la superficie de la tierra, no había sol. Un [personaje] llamado Principal Guacamayo se pavoneaba. Al principio existieron el cielo, la tierra, pero ocultas [estaban] las caras del sol y de la luna. Él, pues, decía: "En verdad, la posteridad de esos hombres ahogados es extraordinaria; su vida es como [una vida] de Sabios. Yo soy, pues, grande por encima del hombre construido, del hombre formado. Yo el sol, yo la luz, yo la luna. Que así sea. Grande [es] mi luz. Por mí andan, caminan los hombres. Mis ojos, en metales preciosos, resplandecen de gemas, de verdes esmeraldas. Mis dientes brillan en su esmalte como la faz del cielo. Mi nariz resplandece a lo lejos como la luna. De preciosos metales [está hecho] mi sitial con respaldo. La faz de la tierra se ilumina cuando yo avanzo ante mi trono con respaldo. Así pues, yo soy el sol, yo soy la luna, para la luz de la prole, la luz de los hijos. Así es, porque a lo lejos penetra mi esplendor". [Así] decía Principal Guacamayo, pero, ciertamente, Principal Guacamayo no era el sol, sino que se enorgullecía de sus jadeítas, de sus metales preciosos: pero en realidad su esplendor desaparecía allí adonde él se sentaba, su esplendor no penetraba en todo el cielo. No se veían aún, pues, las caras del sol, de la luna, de las estrellas, todavía no había claridad. Así, pues, Principal Guacamayo se alababa como sol, [como] luna; la luz del sol, de la luna, todavía no [se había] mostrado, manifestado; pero él quería sobreponerse en grandeza. Entonces fue cuando sucedió la inundación debido a los monigotes, [muñecos] construidos de madera. Relataremos también cómo murió, tras ser vencido, Principal Guacamayo [y después], y en qué tiempo fue hecho el hombre por Los de la Construcción, Los de la Formación.

6

He aquí como se produjo la derrota de Principal Guacamayo por dos engendrados, el primero llamado Maestro Mago, el segundo llamado Brujito; [los dos] eran dioses. A causa del mal que veían en el que se pavoneaba y que él quería hacer a la faz de los Espíritus del Cielo, aquellos engendrados dijeron: "No está bien que suceda eso; ese hombre no debe vivir aquí, en la superficie de la Tierra. Trataremos, pues, de arrojar con cerbatana contra su comida; tiraremos con cerbatana contra ella, introduciremos en ella una enfermedad que pondrá fin a sus riquezas, a sus jadeítas, a sus metales preciosos, a sus esmeraldas, a sus pedrerías, de las cuales se enorgullece como lo harán todos los hombres. Los metales preciosos, no son un motivo de orgullo. Que así se haga, pues". [Así] dijeron los dos engendrados, cada uno [con] su cerbatana sobre el hombro. Pero Principal Guacamayo tenía dos hijos: Sabio Pez-Tierra [era] el primer hijo. Gigante de la Tierra, el segundo hijo. La que se Torna Invisible, [era el nombre de su madre, esposa de Principal Guacamayo. A este Sabio Pez-Tierra [servíanle] de juguetes las grandes montañas Chicak, Hunahpu, Pecul, Yaxcanul, Macamob, Huliznab, se cuenta, como nombres de las montañas que existieron cuando el alba; nacieron en una noche por [la acción de] Sabio Pez-Tierra. De igual modo por Gigante de la Tierra eran removidas las montañas; por él eran agitadas las montañas pequeñas, las montañas grandes. Los hijos de Principal Guacamayo hacían también de ello una causa de Gloria: "¡Vosotros! Heme aquí, yo el sol", decía Principal Guacamayo. "Yo hice la Tierra", decía Sabio Pez-Tierra. "Yo sacudo al cielo, trastorno a toda la tierra", decía Gigante de la Tierra. Así, después de su padre, los hijos de Principal Guacamayo se atribuían la grandeza. He aquí, pues, el mal que descubrieron los engendrados. Nuestras primeras madres, nuestros primeros padres no habían sido creados todavía. Así fue decidida la muerte [de los tres], su pérdida, por los engendrados.

7

Veamos ahora los disparos de cerbatana contra Principal Guacamayo por los dos engendrados; relataremos la derrota de aquellos que se pavoneaban. Este mismo Principal

Guacamayo tenía un gran árbol, el Byrsonia ; era el alimento de Principal Guacamayo; cada día iba al Byrsonia, subía al árbol; veía algunas vainas comidas por Maestro Mago y Brujito. Por su parte, espiando a Principal Guacamayo al pie del árbol, los dos engendrados venían a ocultarse en el follaje del árbol cuando Principal Guacamayo venía a comer [las frutas de] el Byrsonia. Después fue acribillado con cerbatanas por Supremo Maestro Mago, quien le plantó la bala de la cerbatana en la mandíbula; gritó a voz en cuello al caer del árbol al suelo. Supremo Maestro Mago se apresuró, corrió aprisa para apoderarse de él; pero entonces el brazo de Supremo Maestro Mago fue asido con fuerza por Principal Guacamayo, quien al instante lo sacudió, le arrancó violentamente del omoplato. Entonces Supremo Maestro Mago dejó ir a Principal Guacamayo. Así es, así como hicieron, sin haber sido vencidos los primeros por Principal Guacamayo. Llevando así el brazo de Supremo Maestro Mago, Principal Guacamayo caminó hacia su casa, adonde llegó sosteniéndose la mandíbula. "¿Qué te ha ocurrido, pues?", dijo entonces La que se Torna Invisible, esposa de Principal Guacamayo. "¿Qué? Dos engañadores me han acribillado con su cerbatana, me han dislocado la mandíbula. A causa de eso, se han aflojado mi mandíbula, mis dientes, que me producen gran dolor. Por de pronto traigo [esto] sobre el fuego para que permanezca sobre él hasta que, en verdad, vengan a recogerlo, a tomarlo, esos engañadores", respondió Principal Guacamayo, suspendiendo el brazo de Supremo Maestro Mago. Habiendo celebrado consejo, Supremo Maestro Mago y Brujito, hablaron con un abuelo, que poseía una blanca cabellera, y con una abuela, encorvada por la vejez. Gran Cerdo del Alba, nombre del Abuelo; Gran Tapir del Alba, nombre de la abuela. Los engendrados dijeron, pues, a la abuela, al abuelo: "Acompañadnos para ir a coger nuestro brazo en casa de Principal Guacamayo, pero nosotros iremos detrás de vosotros. «Son nuestros nietos a quienes acompañamos; su madre, su padre, han muerto; por tanto, nos siguen por todas partes adonde nos conviene concedérselo, pues sacar los animales de las mandíbulas es nuestro oficio», diréis vosotros. Así Principal Guacamayo nos mirará como a niños, y estaremos allí para daros consejos", dijeron los dos engendrados. "Muy bien", fue contestado. En seguida se encaminaron hacia la punta en donde Principal Guacamayo estaba sentado en su trono con respaldo. La abuela, el abuelo, pasaron entonces, [con] dos engendrados jugando detrás. Cuando pasaron al pie de la casa del jefe, Principal Guacamayo gritaba a voz en cuello debido a sus dientes. Cuando Principal Guacamayo vio al abuelo, a la abuela y a los que les acompañaban, "¿De dónde venís, abuelos nuestros?", dijo enseguida el jefe. "Buscamos con qué alimentarnos, oh Tú, Jefe", contestaron ellos. "¿Cuál es vuestro alimento? ¿Son vuestros hijos, esos que os acompañan?" "No, oh Tú, jefe. Éstos son nuestros nietos, pero ¿comprendes? tenemos piedad de sus rostros, les damos y partimos la mitad [de nuestro alimento]", contestaron la abuela y el abuelo. El jefe, pues, estaba agotado por el sufrimiento de sus dientes, y habla con esfuerzo. "Yo os suplico, tened piedad de mi rostro. ¿Qué hacéis? ¿Qué curáis?", dijo el jefe. "Solamente sacamos de los dientes los animales, curamos solamente los ojos, componemos solamente los huesos, Tú, Jefe", respondieron. "Muy bien. Curadme en seguida, os suplico, mis dientes, que verdaderamente me causan dolor. Cada día no tengo reposo, no tengo sueño, a causa de ellos y de mis ojos. Dos engañadores me han disparado con cerbatana, para comenzar. Debido a esto no como ya. Tened, pues, piedad de mi rostro, pues todo se mueve, mi mandíbula, mis dientes". "Muy bien, Tú, Jefe. Un animal te hace sufrir. No hay más que cambiar, que sacar los dientes, Tú".

“¿Será bueno quitarme mis dientes? Por ellos soy jefe; mi ornamento: mis dientes y mis ojos”. “Pondremos al instante otros en cambio; huesos puros y limpios entrarán”. Ahora, pues, esos huesos puros y limpios no eran más que maíz blanco. “Muy bien. Retiradlos pues y venid en mi ayuda”, respondió él. Entonces se arrancaron los dientes de Principal Guacamayo; no se le puso en cambio más que maíz blanco; enseguida ese maíz brilló mucho en su boca. Al instante descendió su faz ; no pareció ya jefe. Se acabó de quitarle sus dientes en pedrería que, brillantes, ornaban su boca. Mientras hacían que curaban los ojos de Principal Guacamayo se desollaron sus ojos, se acabó de quitarle sus metales preciosos. Pero él no podía ya sentirlo; todavía veía cuando lo que le enorgullecía hubo acabado de serle quitado por Maestro Mago y Brujito. Así murió Principal Guacamayo cuando Maestro Mago vino a recuperar su brazo. La que se Torna Invisible, esposa de Principal Guacamayo, murió también. Tal fue el fin de las riquezas de Principal Guacamayo. Fue el médico quien tomó las esmeraldas, las pedrerías, de las cuales, aquí en la tierra, se enorgullecía. La abuela Sabia, el abuelo Sabio, hicieron esto. El brazo fue pegado; pegado estuvo bien. Ellos no quisieron obrar así más que para matar a Principal Guacamayo; consideraban como malo que se vanagloriara. En seguida los dos engendrados caminaron, habiendo cumplido la Palabra de los Espíritus del Cielo.

8

He aquí la Gesta de Sabio Pez-Tierra, primer hijo de Principal Guacamayo. “Yo constructor de montañas”, decía Sabio Pez-Tierra. He aquí que Sabio Pez-Tierra se bañaba al borde del agua cuando acertaron a pasar cuatrocientos jóvenes, arrastrando un árbol para pilar de su casa. Entonces Sabio Pez-Tierra caminó adonde estaban los cuatrocientos jóvenes. "Jóvenes, ¿qué hacéis?". "Solamente, un árbol que no podemos levantar para llevarlo sobre nuestros hombros". "Yo lo llevaré al hombro. ¿Adónde llevarlo? ¿Cuál trabajo hay en vuestro espíritu?" "Solamente la viga maestra de nuestra casa". "Perfectamente", dijo él, [y] después tiró [del árbol], lo cargó sobre sus hombros y lo llevó a la entrada de la casa de los cuatrocientos jóvenes. "¡Y bien! Estate pues con nosotros, oh joven. ¿Tienes madre, padre?" "No tengo", dijo él. "¡Y bien! Nosotros te emplearemos otra vez mañana para señalarte uno de nuestros árboles para pilar de nuestra casa". "Bien", dijo él. En seguida los cuatrocientos jóvenes celebraron consejo. "He ahí a ese joven. ¿Cómo haremos para matarlo, pues no está bien que haga eso, que él solo levante ese árbol? Cavaremos un gran hoyo, [y] después lo animaremos a bajar al hoyo. «Vete a agrandarlo. Toma y trae tierra del hoyo», le diremos, y, cuando haya descendido y esté inclinado en el hoyo, arrojaremos un gran árbol en él; entonces morirá en el hoyo". Así hablaron los cuatrocientos jóvenes. Entonces cavaron un gran hoyo muy hondo, y después llamaron a Sabio Pez-Tierra. "Nosotros te estimamos. Ve pues, y cava todavía la tierra, en el sitio de donde nosotros no pasamos", le dijeron. "Muy bien", respondió él, y después bajó al hoyo. Llamándole mientras que él cavaba la tierra: "¿Ya has descendido muy profundo?", le dijeron. "Sí", respondió, comenzando a cavar el hoyo, pero cavaba un hoyo de salvamento. Él sabía que querían matarlo; mientras que cavaba el hoyo, cavaba al lado un segundo hoyo para salvarse. "¿Es ya muy profundo?", le fue dicho desde arriba por los cuatrocientos jóvenes. "Todavía estoy ocupado en mi excavación, pero os llamaré desde abajo cuando haya acabado de cavar", les respondió desde el fondo del hoyo Sabio Pez-Tierra. Mas no cavaba el fondo del hoyo [destinado] para [su] tumba; no cavaba sino el hoyo para salvarse. En seguida Sabio Pez-Tierra llamó, no gritando sin embargo sino cuando estuvo en el hoyo de salvamento. "Venid a buscar, a llevar la tierra del hoyo que he cavado. Por él he descendido ciertamente lejos. ¿No oís mi llamada? Pero he aquí vuestra llamada que repercute como uno, dos ecos; oigo dónde estáis vosotros", decía Sabio Pez-Tierra en el hoyo en donde se ocultaba; y llamaba desde el fondo de aquel hoyo. Y he aquí que con fuerza fue traído el gran árbol por los jóvenes; en seguida lanzaron con fuerza el árbol en el agujero. "Que ninguno hable. Esperemos solamente a que grite a voz en cuello, a que muera", se dijeron unos a otros, se hablaban en secreto, se cubrían la boca, mirándose mutuamente, mientras lanzaban prontamente el árbol. Ahora, pues, he aquí que Sabio Pez-Tierra habló, gritó a voz en cuello, pero no llamó sino una sola vez mientras que el árbol caía. "¡Oh, cómo hemos llevado a buen fin lo que le hemos hecho! ¡Muerto está! Si por desgracia hubiera continuado el trabajo del cual se había encargado, desgraciados [de nosotros]. Se habría introducido [como] el primero entre nosotros los cuatrocientos jóvenes", dijeron, alegrándose aún. "Es preciso hacer durante tres días nuestra bebida fermentada, pasar tres días más en beber por la fundación de nuestra casa, nosotros los cuatrocientos jóvenes", dijeron. "Mañana veremos, pasado mañana también, si no vienen de la tierra las hormigas a llevarse, cuando hieda, la inmundicia. Pronto nuestro corazón estará tranquilo, mientras bebemos nuestra bebida fermentada", dijeron. Ahora, pues, allá en el hoyo. Sabio Pez-Tierra oía lo que decían los jóvenes. Después, al segundo día, llegaron de repente las hormigas, yendo y viniendo en muchedumbre para reunirse debajo del árbol. De todas partes trajeron cabellos, trajeron uñas de Sabio Pez-Tierra; viendo esto los jóvenes. "¡Acabado está, ese engañador!

¡Ved! Las hormigas se reúnen, llegan en multitud, traen de todas partes sus cabellos, sus uñas. He aquí lo que hemos hecho", se dijeron unos a otros. Pero Sabio Pez-Tierra estaba bien vivo: había cortado los cabellos de su cabeza, se había recortado las uñas con los dientes, para darlos a las hormigas. Así los cuatrocientos jóvenes lo creyeron muerto; después, al tercer día, comenzaron su bebida fermentada; entonces se embriagaron todos los jóvenes. Estando todos ebrios, los cuatrocientos jóvenes no tenían ya Sabiduría; entonces su casa fue derribada sobre sus cabezas por Sabio Pez-Tierra, y acabaron por ser todos aniquilados. Ni uno ni dos de aquellos cuatrocientos jóvenes se salvaron; fueron matados por Sabio Pez-Tierra, hijo de Principal Guacamayo. Así murieron los cuatrocientos jóvenes. Se dice también que entraron en la constelación llamada a causa de ellos el Montón, pero esto no es quizás más que una fábula. Aquí contaremos también la derrota de Sabio Pez-Tierra por los dos engendrados Maestro Mago y Brujito.

9

He aquí la derrota, la muerte de Sabio Pez-Tierra cuando fue vencido por los engendrados Maestro Mago y Brujito. He aquí lo que hirió el corazón de aquellos engendrados: los cuatrocientos jóvenes muertos por Sabio Pez-Tierra. Solamente se nutría de pescados, de cangrejos, al borde del agua; ése era su alimento diario. De día erraba, buscando su subsistencia; de noche, transportaba las montañas. En seguida un gran cangrejo fue imitado por Maestro Mago y Brujito. Le pusieron un rostro en madera de Ek; pues la madera de Ek se encuentra abundante en las selvas; hicieron con ella las grandes patas del cangrejo; después, de Pahac las patas pequeñas. Pusiéronle un caparazón de piedra que acabó la faz posterior del cangrejo. Pronto, colocaron a esta "tortuga" en el fondo de una gruta al pie de una gran montaña; Meaván, nombre de la montaña de la derrota. Después, los engendrados fueron al encuentro de Sabio Pez-Tierra, al borde del agua. "¿Adónde vas, oh hijo?", dijeron a Sabio Pez-Tierra. "No voy a ninguna parte, sino que busco mi alimento", respondió Sabio Pez-Tierra. "¿Cuál es tu alimento?". "Sólo pescados, sólo cangrejos; no he podido cogerlos aquí. Hace dos días que no he comido y ya no puedo más de hambre", dijo Sabio Pez-Tierra a Maestro Mago y Brujito. "Allá abajo, en el fondo de la barranca, hay un cangrejo, un cangrejo extraordinario; sería un exquisito bocado para tu manutención. Pero nos mordió cuando quisimos capturarlo, y nos asustamos; por nada iríamos a cogerlo", dijeron Maestro Mago y Brujito. "Tened piedad de mí. Venid a mostrármelo, oh engendrados", dijo Sabio Pez-Tierra. "De ningún modo, no queremos; solamente tú ve allá; no es posible perderse; ve solamente al borde del agua y llegarás al pie de una gran montaña donde resuena en el fondo de la barranca; vete, llega", respondieron Maestro Mago y Brujito. "¡Ah, tened piedad de mí! Oh engendrados, ¿en dónde encontrarlo? Venid a enseñármelo. Hay muchos pájaros cantores a los que podréis disparar con cerbatana; yo sé dónde están", dijo Sabio Pez-Tierra. Su humildad gustó a los engendrados. "¿Sabrás cogerlo si volvemos [allá abajo] por tu causa? Cierto, no probamos ya más; nos mordió cuando entramos agachados; nos asustamos cuando entramos encorvados, pero por poco lo alcanzamos. Es bueno, pues, que entres allí encorvado", le dijeron. "Muy bien", respondió Sabio Pez-Tierra. Entonces les acompañó. Después llegó al fondo de la barranca. Inclinado de los dos lados, el cangrejo enderezaba hacia adelante su dorso. En el fondo de la barranca estaba la trampa de ellos. "¡Perfectamente! Quisiera ya ponerla en [mi] boca", [dijo] alegrándose Sabio Pez-Tierra, porque en verdad se moría de hambre. Así, pues, quiso intentar, quiso encorvarse, quiso entrar. El cangrejo fue hacia lo alto. Entonces él se retiró. "¿No lo has alcanzado"?, dijeron [los dos engendrados]. "No está ahí, sino que subió: pero al principio por poco lo logré. Quizás fuera bueno que yo entrase", respondió él. Después, encorvándose, entró; acabó de entrar; no mostró afuera más que las puntas de los pies. La gran montaña acabó de desprenderse, se aplastó, descendió sobre su corazón. Él ya no se revolvió más: Sabio Pez-Tierra fue piedra. Tal fue la derrota de Sabio Pez-Tierra por los engendrados Maestro Mago y Brujito. "Hacedor de Montañas", dice el relato ancestral. Primer hijo de Principal Guacamayo. Al pie de la montaña llamada Meaván fue derrotado. No es sino por Magia como fue vencido el segundo de los que se pavoneaban. Vamos a contar la historia del otro.

10

El tercero de los que se pavoneaban, segundo hijo de Principal Guacamayo, llamado Gigante de la Tierra, decía: "Yo destruyo las montañas". Y Maestro Mago y Brujito, vencieron también a Gigante de la Tierra. Maestro Gigante [Relámpago], Huella del Relámpago, Esplendor del Relámpago, dijeron, hablando a Maestro Mago y Brujito: "Que también sea vencido el segundo hijo de Principal Guacamayo. Tal es nuestra Palabra, porque no está bien lo que él hace sobre la tierra: pregonar su gloria, su grandeza, en potencia. Que ya no sea más así". "Atraedlo dulcemente hacia el Oriente", dijeron "también los Maestros Gigantes a los dos engendrados. "Muy bien, jefes", respondieron éstos. "No está bien lo que vemos. ¿No sois vosotros la Existencia, la Fundación, los Espíritus del Cielo?", dijeron los engendrados, recibiendo la Palabra de los Maestros Gigantes. Y en aquel momento Gigante de la Tierra debelaba las montañas. Por poco que con el pie golpease la tierra, en seguida a causa de esto se desgarraban las montañas grandes, las montañas pequeñas. Entonces fue encontrado por los engendrados. "Joven, ¿adónde vas?", dijéronle a Gigante de la Tierra. "No voy a ningún sitio, solamente rebajo las montañas, yo soy su destructor, mientras haya días, mientras haya albas", respondió él entonces. Después, a su vez, Gigante de la Tierra [les] dijo a Maestro Mago y Brujito: "¿Por qué venís vosotros? Yo no os he visto nunca. ¿Cuál es vuestro nombre?"; [así] dijo Gigante de la Tierra. "No tenemos nombre. Solamente cazamos con cerbatana, solamente cazamos con liga, en las montañas. Nosotros [somos] sólo unos pobres; nada [es] de nosotros, oh joven. Sólo recorremos las pequeñas montañas, las grandes montañas, oh joven. He aquí que hemos visto una gran montaña, pero en donde está se ven precipicios; se eleva a gran altura: es tan alta que sobrepasa a todas las montañas. No hemos podido coger, pues, en ella uno, dos pájaros, oh joven. ¿Pero derribas verdaderamente todas las montañas, oh joven?", dijeron Maestro Mago y Brujito a Gigante de la Tierra. "¿Visteis verdaderamente la montaña que decís? ¿En dónde está? Yo la veré, la derribaré. ¿En dónde la visteis?" "Está allá abajo, al Este", respondieron Maestro Mago y Brujito. "Bien. Escoged nuestro camino", dijo él a los engendrados. "No, no. Te pondremos entre los dos en medio, y uno estará a tu izquierda, uno a tu derecha, debido a nuestras cerbatanas; si hay pájaros nosotros les dispararemos con las cerbatanas", respondieron. Alegremente probaron a disparar con sus cerbatanas. He aquí que disparando con las cerbatanas no había munición en sus cerbatanas; solamente soplaban disparando con las cerbatanas contra los pájaros ; Gigante de la Tierra estaba maravillado. Entonces los engendrados frotaron fuego, asaron sus pájaros ante el fuego. Untaron con creta alrededor un pájaro, le pusieron tierra blanca. "He aquí lo que le daremos para excitar su gula por el husmo que en él encontrará. Nuestro pájaro le derrocará. De igual modo que de tierra está envuelto todo alrededor por nosotros este pájaro, a tierra le echaremos, en tierra le enterraremos. Demasiada Ciencia en un construido, un formado, cuando comienza la germinación, cuando comienza el alba", dijeron los engendrados. "Cierto, a causa del deseo de todos los corazones de comer, de triturar, el corazón de Gigante de la Tierra deseará lo mismo", dijeron entre sí Maestro Mago y Brujito. Durante este tiempo asaban al pájaro, el cual cocía y amarilleaba asándose; el jugo del pájaro goteaba, fluía por todas partes, tenía un efluvio muy suave. He aquí que Gigante de la Tierra deseó comer de él y que se le hizo agua la boca, que bostezó, que la saliva, la baba, corrió a causa del sabroso pájaro. Entonces preguntó: "¿Qué es este manjar? Siento un olorcito verdaderamente tentador. Dadme pues un poco"; [así] dijo. Se [le] dio entonces el pájaro a Gigante de la Tierra, para vencerlo. Después de que hubo acabado [de comerse] aquel pájaro, caminaron de nuevo dirigiéndose hacia el Oriente, en donde estaba la gran montaña. He aquí que ya Gigante de la Tierra se desvanecía de los pies, de las manos, estaba sin fuerzas, a causa de la tierra con la cual se había untado todo alrededor el pájaro del que había comido. No podía ya hacerles nada a las montañas ni acabar de derribarlas. Y entonces, atado por los engendrados, [estando] sus manos atadas atrás, sus manos guardadas por los extranjeros, el cuello y las piernas atados juntamente, fue acto seguido tendido en tierra, fue enterrado. Tal fue la derrota de Gigante de la Tierra, solamente por Maestro Mago y Brujito. Incontables [fueron] sus acciones sobre la tierra. He aquí que narraremos el nacimiento de Maestro Mago y Brujito, pues hemos relatado primero la derrota de Principal Guacamayo y la de Sabio Pez-Tierra y la de Gigante de la Tierra, sobre la tierra.

11

He aquí que revelaremos el nombre del padre de Maestro Mago y Brujito. Musitaremos el origen, musitaremos solamente la historia, el relato, del engendramiento de Maestro Mago y Brujito; no diremos de esto sino la mitad y únicamente una parte de la historia de su padre. He aquí, pues, la historia de éste. Su nombre es Supremo Maestro Mago, como se le llama. Sus padres son Antiguo Secreto, Antigua Ocultadora. Por ellos, en la noche, fueron engendrados Supremo Maestro Mago, Principal Maestro Mago, por Antiguo Secreto. Antigua Ocultadora. Ahora pues, Supremo Maestro Mago engendró dos hijos: Maestro Mono [es el] nombre del primer hijo, Maestro Chango [es el] nombre del segundo hijo. Y el nombre de su madre, [es] éste: Paridora de Monos; tal es el nombre de la esposa de Supremo Maestro Mago. Principal Maestro Mago, sin esposa, célibe. Pero estos dos hijos eran muy grandes Sabios; grande su Ciencia; augures aquí en la tierra; buenos su existencia, su nacimiento. Se reveló toda la Ciencia ante Maestro Mono. Maestro Chango, hijos de Supremo Maestro Mago. Maestro Mono. Maestro Chango, llegaron a ser músicos, cantantes, expertos en cerbatana, pintores, escultores, joyeros, orfebres. Ahora bien, Supremo Maestro Mago, Principal Maestro Mago, no hacían a diario más que [tirar al] blanco, y jugar a la pelota. Cada dos días encontrábanse cuatro, reuníanse en el juego de pelota. Para verlos venía el Gavilán, mensajero de Maestro Gigante [Relámpago], Huella del Relámpago, Esplendor del Relámpago. Ahora bien, este Gavilán, de no lejos de aquí en la tierra, de no lejos de Xibalbá llegaba después al cielo, junto a los Maestros Gigantes. Mientras ellos permanecían aquí en la tierra, la madre de Maestro Mono, Maestro Chango, falleció. He aquí que, caminando hacia Xibalbá jugaron a la pelota, cuando oyeron a Supremo Muerto. Principal Muerto, jefes de Xibalbá. "¿Qué hacen sobre la tierra? ¿Quién la hace temblar? ¿Quién hace tal ruido? Que se envíe a buscarlos, a traerlos aquí; que vengan a jugar a la pelota a fin de que los derrotemos. Ciertamente, no somos obedecidos por ellos: no hay obediencia, no hay respeto para nuestro ser. No hacen más que luchar sobre nuestras cabezas", dijo todo Xibalbá. Entonces todos se reunieron. Estos llamados Supremo Muerto, Principal Muerto, los Grandes Decidores de Palabra. He aquí a todos los jefes, a quienes éstos daban sus cargos de poder; cada uno jefe por orden de Supremo Muerto. Principal Muerto. He aquí, pues, los nombres de los jefes: Extiende Tullidos. Reúne Sangre: su cargo: los hombres que tienen flujos de sangre. He aquí también a los jefes Hacedor de Abscesos. Hacedor de Ictericia; su poder: dar a los hombres tumores, darles abscesos en las piernas y amarillearles el rostro, lo que se llama ictericia, y éste era el poder de Hacedor de Abscesos, Hacedor de Ictericia. He aquí además a los jefes Varilla de Huesos, Varilla de Cráneos, los de la varilla de Xibalbá; solamente de huesos [eran] sus varillas; su mayordomía: osificar a los hombres a fin de que, no siendo más que huesos y cráneos al morir, no haya que recoger más que sus esqueletos; tal era la función de los llamados Varilla de Huesos, Varilla de Cráneos. He aquí también a los jefes llamados Hacedor de Traición, Hacedor de Infortunio; he aquí sus cargos: chocar al hombre contra la traición; sea detrás de su morada, sea delante de su morada; que tuvo la mala suerte de caer, boca arriba, sobre el suelo: se moría; tal era el poder de Hacedor de traición, Hacedor de Infortunio.

He aquí también a los jefes llamados Gavilán [de sangre], Opresión; he aquí su poder: el hombre moría en camino de lo que se llama muerte súbita, viniéndole la sangre a la boca; entonces él moría, vomitando la sangre; a cada uno [correspondía] el cargo de romper la garganta, el corazón del hombre, para que muriese en camino, haciéndole llegar de golpe [la sangre] a la garganta mientras marchaba; tal era el poder de Gavilán [de Sangre], Opresión. He aquí que se reunieron en consejo para combatir, atormentar, a Supremo Maestro Mago, Principal Maestro Mago. Xibalbá quería burlarse de Supremo Maestro Mago, Principal Maestro Mago, de sus escudos de cuero, de sus anillos, de sus guantes, de sus coronas y de los cascos con que se adornaban Supremo Maestro Mago, Principal Maestro Mago. He aquí, pues, que contaremos su viaje a Xibalbá, dejando permanecer [aparte] a Maestro Mono, [Maestro] Chango, hijos de Supremo Maestro Mago y cuya madre estaba ya muerta. En seguida, [narraremos] la derrota de Maestro Mono, Maestro Chango, por Maestro Mago y Brujito.

12

En seguida marcharon los mensajeros de Supremo Muerto, Principal Muerto. "En camino, ¡oh Consejeros de los Varones! Id a llamar a Supremo Maestro Mago, Principal Maestro Mago. Decidles: «Venid con nosotros. Que vengan, dicen los jefes. Que vengan aquí a pelotear con nosotros: que hagamos fortalecer nuestros rostros con ellos; en verdad, admiramos sus bocas; así, pues, que vengan, dicen los jefes.» Que al venir traigan lo que tienen: sus anillos, sus guantes; que vengan también con su pelota, dicen los jefes." "Decidles: Venid". Así fue trasmitido a los mensajeros. He aquí a los mensajeros Búhos: Flecha-Búho,

Maestro Gigante Búho, Guacamayo-Búho, Cabeza-Búho; así tenían por nombre los mensajeros de Xibalbá. Flecha-Búho era rápido como una flecha. De Maestro Gigante Búho la naturaleza era de gigante. De Guacamayo-Búho, la naturaleza era [tener] un dorso de fuego. Cabeza Búho no tenía más que una cabeza, no tenía piernas pero sí alas. Esos cuatro mensajeros tenían el oficio de Consejeros de los Varones. Partidos de Xibalbá, llegaron rápidos y se posaron en el juego de pelota. Supremo Maestro Mago, Principal Maestro Mago, peloteaban allí, en el juego de pelota llamado Juego de Pelota Ornado con Gran Frontón. Los Búhos se posaron en el juego de pelota, [y] formaron su discurso exactamente en el orden del discurso de todos los jefes llamados Supremo Muerto, Principal Muerto. Hacedor de Abscesos, Hacedor de Ictericia, Varilla de Huesos, Varilla de Cráneos, Extiende Tullidos. Reúne Sangre, Hacedor de Traición, Hacedor de Infortunio, Gavilán [de Sangre], Opresión, que habían formado el discurso para los Búhos. "¿Los jefes Supremo Muerto, Principal Muerto, dijeron ciertamente eso? ¿Dijeron ciertamente que debían acompañaros?" "Que traigan sus accesorios de juegos, dijeron los jefes." "Muy bien. Aguardarnos. Al instante nos despedimos de nuestra madre", dijeron ellos, Fueron en seguida a la casa y dijeron a su madre, porque su padre ya había muerto: "Oh madre nuestra, partimos. Los mensajeros de los jefes han venido a recogernos. Que vengan, han dicho ellos, dicen los que fueron enviados hacia nosotros". "Pero nuestra pelota quedará como testigo", añadieron [y] luego fueron a atarla en un agujero en lo alto de la mansión. Después: "La llevaremos con nosotros". "En cuanto a vosotros, no haced más que absorber, cantar, pintar, cincelar, recrear vuestra casa, recrear el corazón de vuestra abuela", dijeron a Maestro Mono, Maestro Chango. Cuando se despidieron, su madre Antigua Ocultadora lloró de sentimiento. “Nos vamos, no estamos muertos; no os pongáis tristes”, dijeron Supremo Maestro Mago, Principal Maestro Mago, iniciando la marcha. Pronto, Supremo Maestro Mago, Principal! Maestro Mago, caminaron precedidos por los mensajeros. Después descendieron al camino que lleva a Xibalbá, de pendientes muy pronunciadas. Habiendo descendido así, llegaron al borde de los ríos encantados de barrancos conocidos como Barranco Cantante Resonante, Barranco Cantante, que pasaron sobre ríos encantados con árboles espinosos; innumerables [eran] los árboles espinosos, pasaron sin un rasguño. En seguida llegaron al borde del río de la Sangre, [y] allí pasaron sin beber. Llegaron a otro río, de agua solamente; no habiendo sido derrotados, lo pasaron también. Entonces llegaron allí donde cuatro caminos se cruzaban: allí fueron derrotados. Un camino rojo, un camino negro, un camino blanco, un camino amarillo ; cuatro caminos. He aquí que El del Camino Negro dijo: “Tomadme, yo el camino-jefe”; [así] dijo El del Camino. Allí fueron derrotados. He aquí que siguieron el camino de Xibalbá. Al llegar allá donde se congregaba su gobierno, fueron vencidos. Ahora bien, los primeros sentados eran un monigote, [y] un [muñeco] hecho de madera, arreglados por Xibalbá. Éstos fueron los primeros a quienes saludaron. “Salud. Supremo Muerto”, dijeron al monigote; “Salud, Principal Muerto”, dijeron al [muñeco] hecho de madera. Éstos no contestaron. Entonces los jefes de Xibalbá hicieron ruido de risa: todos los jefes hicieron ruido de risa, pues en su espíritu eran triunfadores y Supremo Maestro Mago. Principal Maestro Mago, estaban derrotados. Rieron primeramente. Después Supremo Muerto, Principal Muerto, dijeron: “¡Muy bien! Habéis venido. Que mañana se despierten vuestros rostros, vuestros anillos, vuestros guantes”: [así] dijeron. “Sentaos en nuestro banco ”, pero el banco que daban era una piedra quemante; al sentarse en el banco, se quemaron; pronto se escurrieron de aquel banco sin encontrar alivio: pronto se levantaron, aquel asiento les quemaba. Entonces los Xibalbá se rieron otra vez; de risa tenían la lengua espesa; la serpiente Risa se originaba en su corazón, en su sangre, en sus huesos. Reían, todos los Xibalbá reían. "Id a vuestra morada. Allí se os ofrecerá en el dormitorio vuestro pino, vuestro tabaco", se les dijo. En seguida llegaron a la Mansión Tenebrosa; no había más que tinieblas en su interior. Entonces los Xibalbá celebraron consejo. "Sacrifiquémoslos mañana; que mueran pronto; su juego nos insulta", se dijeron unos a otros los Xibalbá. Ahora, pues, su pino era una flecha redonda, del pino llamado Blanco Pedernal, el pino [pedernal sacrificatorio] de Xibalbá; era puntiagudo, pues, su suerte; debía llegar aprisa a su fin y favorecer el plan de Xibalbá. Supremo Maestro Mago, Principal Maestro Mago, entraron en la Mansión Tenebrosa. Se les dieron sus pinos; a cada uno el pino encendido de Supremo Muerto. Principal Muerto: con esto a cada uno llegó también de los jefes su tabaco encendido; entonces se llegó a darlos al Supremo Maestro Mago. Principal Maestro Mago. Estaban en la obscuridad cuando se les dio sus pinos y su tabaco; desde la entrada los pinos alumbraron. "Que cada uno queme su pino y su tabaco; que a la aurora vengan a darlos: pero que sin gastarlos nos los devuelvan, os dicen los jefes", se dijo. Así fueron vencidos. El pino se consumió, el tabaco que se les había dado también se consumió. Numerosas fueron las pruebas de Xibalbá; de muchas clases. La primera, la Mansión Tenebrosa, toda de oscuridad al interior. La segunda, llamada Mansión de los Calofríos, en la cual un frío insoportable, un frío muy agudo, llenaba el interior. La tercera, llamada Mansión de los Jaguares, donde no había más que jaguares confundidos, atacándose, enseñando los dientes, burlándose, jaguares encerrados en la mansión.

Mansión de los Murciélagos, nombre de la cuarta mansión; en el interior de la mansión, solamente murciélagos que gritaban, que aleteaban, que revoloteaban en la mansión, murciélagos prisioneros sin poder salir. La quinta. Mansión de Obsidiana; no había más que vencedores, con sus flechas, en silencio, en lucha, en la mansión. Éstas son las primeras pruebas de Xibalbá, pero Supremo Maestro Mago y Principal Maestro Mago, no entraron; bastaba con mencionar los nombres de las mansiones de pruebas. Cuando Supremo Maestro Mago, Principal Maestro Mago, llegaron ante Supremo Muerto. Principal Muerto. "¿Dónde está mi tabaco, dónde está mi pino, que se os llevaron ayer noche?", [les] fue confesado. "Los acabamos, ¡oh jefes!" "Muy bien. Ahora acabaremos vuestros días, moriréis; seréis perdidos, seréis cortados; aquí vuestra faz será enterrada; seréis sacrificados", dijeron Supremo Muerto, Principal Muerto. Entonces se les sacrificó, se les enterró en el llamado Juego de Pelota de los Sacrificios. Se cortó la cabeza de Supremo Maestro Mago, y el primogénito fue enterrado con el segundo. "Que se ponga su cabeza en el árbol que está en el camino", dijeron Supremo Muerto, Principal Muerto. Cuando se fue a colocar la cabeza en medio del árbol, entonces el árbol dio frutas; no había frutas antes de que fuera colocada la cabeza de Supremo Maestro Mago. Ahora bien, esta cabeza es la que llamamos ahora Cabeza de Supremo Maestro Mago, como se dice. Supremo Muerto, Principal Muerto, consideraron asombrosas las frutas del árbol, frutas totalmente redondas. No se veía en dónde estaba la cabeza de Supremo Maestro Mago, fruta igual que las frutas del calabacero. Toda Xibalbá vino a mirar, a ver aquello. Grande se volvió en su espíritu el carácter de aquel árbol a causa de lo que se había súbitamente hecho en él cuando se había colocado en medio de él la cabeza de Supremo Maestro Mago. Entonces los Xibalbá se dijeron entre sí: "Que ninguno coja sus frutas. Que ninguno venga al pie del árbol"; vedándose mutuamente, prohibiéndose mutuamente. Desde entonces la cabeza de Supremo Maestro Mago no se descubrió ya más; no formó más que un todo con las frutas del árbol llamado Calabacero. Pero una joven oyó ese gran relato, y he aquí, pues, que narraremos su aventura.

13

Y he aquí el relato de una joven, hija de un jefe llamado Reúne Sangre. Una joven, hija de un jefe, oyó. Reúne Sangre, [era] el nombre de su padre. La de la Sangre, [era] el nombre de la joven. Cuando escuchó la historia de las frutas del árbol, que le fue contada por su padre, se maravilló muchísimo de tal relato. "¿Por qué no iría yo a ver ese árbol del cual se habla? Por lo que oigo decir, esas frutas son ciertamente apetitosas", pensó ella. Entonces marchó sola, [y] llegó al pie del árbol plantado en medio del Juego de Pelota de los Sacrificios. "¡Ah, ah! ¿Son ésas las frutas del árbol? ¡Cuán atrayentes las frutas de ese árbol! ¿Moriré, me perderé si cojo algunas?", dijo la joven. Entonces el hueso que estaba en medio del árbol habló. "¿Qué deseas? Estas bolas redondas en las ramas de] árbol no son más que huesos", dijo la cabeza de Supremo Maestro Mago, hablándole a la joven. "¿Las deseas todavía?", añadió. "Ése es mi deseo", dijo la joven. "¡Muy bien! Extiende solamente el extremo de tu mano". "Sí", dijo la muchacha, alargando su mano que extendió ante el hueso. Entonces el hueso lanzó con fuerza saliva en la mano extendida de ella; ésta, al instante, miró con mirada curiosa el hueco de su mano, pero la saliva del hueso ya no estaba en su mano, "En esa saliva, esa baba, te he dado mi posteridad. He aquí que mi cabeza no hablará ya más; ya no es más que un hueso descarnado. Así son igualmente las cabezas de los grandes jefes. Sólo la carne vuelve buena la cara, de donde [proviene], cuando mueren, el terror de los seres humanos a causa de las osamentas. Lo mismo pasa con los hijos, cuyo ser es como la saliva, la baba, la cual, sea de hijos de jefes, sea de hijos de Sabios, de oradores, no se pierde sino que se extiende, se continúa, sin que se extinga, sin que se pierda la faz del jefe, del Varón, del Sabio, del Orador. Tal como pasa con los hijos que vienen, así he hecho contigo. Sube, pues, a la tierra sin morir. Que en ti penetre mi Palabra. Que así sea", dijo la cabeza de Supremo Maestro Mago, Principal Maestro Mago. Ahora bien, esta Magia la habían hecho ellos por la Palabra de Maestro Gigante [Relámpago], Huella del Relámpago, Esplendor del Relámpago. La joven volvió entonces a su casa, habiéndole sido hechas numerosas advertencias. Y al instante, solamente por la saliva, sus hijos se engendraron en su vientre. Tal fue el prodigio del que salieron Maestro Mago y Brujito. La adolescente llegó a su casa. Seis lunas se acabaron. Entonces ella fue examinada por su padre; Reúne Sangre, nombre de su padre. Después del examen de la joven por el padre, éste vio que allí había un hijo. Entonces los jefes Supremo Muerto, Muerto Principal, juntaron toda su sabiduría con la de Reúne Sangre. "Oh, jefes, he aquí que por fornicación mi hija tiene un hijo", dijo Reúne Sangre, al llegar junto a los jefes. "¡Y bien! Que confiese. Si no habla que se la sacrifique, que se vaya a sacrificarla lejos de aquí". "Muy bien, oh grandes jefes", respondió él. Entonces preguntó a su hija: "Oh, hija mía, ¿cuál es el posesor del hijo [que hay] en tu vientre? ". Ella respondió: "Oh, padre mío, ahí no hay hijo; no hay ningún hombre del cual yo conozca la faz". Él respondió: "¡Perfectamente! ¡Verdaderamente! ¡Oh fornicadora!" "Que se la lleven. ¡Oh Consejeros de los Varones! Sacrificadla, guardad su corazón en una copa. Volved hoy al lado de los jefes", dijo él a los Búhos. Entonces [los] cuatro [Búhos] fueron a coger la copa, caminaron, transportando a la adolescente en sus brazos, llevando el Blanco Pedernal para sacrificarla. "¡Oh mensajeros, no haríais bien en matarme, pues sin fornicación [concebí] lo que está en mi vientre, que se engendró cuando fui a admirar la cabeza de Supremo Maestro Mago, que está en el Juego de Pelota de los Sacrificios! Así, pues, no me sacrifiquéis, ¡oh Mensajeros!". Dijo la adolescente, "respondieron. "¿Qué pondremos en cambio en tu corazón? Nos ha sido dicho por su padre: «Recoged su corazón, volved al lado de los jefes; cumpliréis, [y] después manifestaréis el cumplimiento; traed prontamente en una copa, colocad en el fondo de la copa el corazón». ¿No nos habló así? ¿Qué presentaremos, pues, en la copa? Sin embargo, es verdad, queremos que te salves", dijeron los mensajeros. "Muy bien. Este corazón no puede ser de ellos. Vuestra casa no puede tampoco estar aquí. No solamente tendréis poder sobre la muerte de los hombres, sino que, en verdad, vuestros serán los verdaderos fornicadores. Míos serán en seguida Supremo Muerto, Principal Muerto. Que sólo la sangre del Drago esté ante sus rostros. Este corazón no será quemado ante ellos. Poned el fruto del árbol", dijo la joven. Y, roja, la savia del árbol salió y fluyó en la copa; se hinchó allí y se volvió bola en sustitución del corazón. Brotó salió la savia del árbol rojo; semejante a sangre; la savia salió en cambio de la sangre; entonces la sangre, la savia del árbol rojo se formó en bola; semejante a sangre, apareció brillante, rojiza, en bola, en la copa. Entonces el árbol se volvió célebre a causa de la adolescente; fue llamado Árbol Rojo de Cochinilla; fue pues llamado Sangre a causa de la sangre del Drago, así llamado. "Allí pues seréis amados, y lo que está en la superficie de la tierra será vuestro", dijo ella a los Búhos. "Muy bien, joven. Partimos, vamos a dar cuenta. Sigue tu camino. Vamos a presentar ante los jefes la imagen, el sustituto, de tu corazón", contestaron los mensajeros. Cuando llegaron ante los jefes, todos esperaban con angustia. "¿Se acabó?", dijo entonces Supremo Muerto. "Se acabó, oh jefes. He aquí ahora el corazón en la copa". "Muy bien. Que yo vea", dijo Supremo Muerto. Entonces él levantó aquello. La savia rojiza se esparció como sangre. "Animad bien el resplandor del fuego. Poned esto en el fuego", agregó Supremo Muerto. Después de que se le hubo puesto en el fuego, los Xibalbá comenzaron a oler [el olor], todos comenzaron a estar mareados, pues era agradable el perfume que olían del humo de la sangre. Mientras que permanecían [así], los Búhos, advertidos por la adolescente, subieron numerosos a la cavidad sobre la tierra, adonde subió también su [dadora de] aviso. Así fueron derrotados los jefes de Xibalbá por esta joven que los burló a todos.

14

La abuela de Maestro Mono, Maestro Chango, estaba allí cuando la mujer Sangre vino a casa de la abuela de Maestro Mono, Maestro Simio. En ella vivían sus hijos, y poco faltaba para que naciesen los llamados Maestro Mago y Brujito. Cuando la mujer llegó a casa de la abuela, la mujer dijo a la abuela: "¡Llego, oh madre, yo Tu nuera, yo Tu hija, oh Madre!"; así dijo al entrar en casa de la abuela. "¿De dónde vienes tú? ¿Dónde están mis hijos? ¿No han muerto en Xibalbá? ¿Sus dos descendientes, el signo de su Palabra, llamados Maestro Mono, Maestro Chango, no los ves tú? Sal de aquí. Vete", le respondió la abuela a la adolescente. "En verdad, yo soy ciertamente tu nuera. Yo soy de Supremo Maestro Mago; helo aquí llevado vivo. Supremo Maestro Mago, Principal Maestro Mago, no están muertos; su sentencia les ha hecho sabios. Tú eres Mi suegra. Así, ve sus rostros queridos en los que yo traigo", dijo ella a la abuela. En seguida, Maestro Mono, Maestro Chango, se mostraron. No hacían más que música, más que canto; su trabajo cotidiano no era sino pintura, sino escultura; recreaban el corazón de su abuela. La abuela recomenzó: "Ninguna necesidad [tengo] de ti para nuera mía. Sólo la fornicación [hay] en tu vientre. Oh mentirosa, mis hijos de los cuales hablas, han muerto". La abuela dijo otra vez: "Demasiado verdaderas son mis palabras. Pero sea, tú eres mi nuera, a lo que entiendo. Ve pues a recoger su alimento para los que comen; ve a coger una gran red llena. Vuelve [en seguida] puesto que eres mi nuera, a lo que entiendo", [le] dijo a la joven. "Muy bien", contestó ésta, [y] después tomó el camino de las sementeras que habían sembrado Maestro Mono, Maestro Chango, por quienes había sido desmontado el campo; la adolescente lo siguió y llegó así a las sementeras. Un solo tallo en el campo; no había dos tallos, tres tallos; sólo un tallo manifestaba su lozanía. Entonces se llenó de angustia el corazón de la joven. "Desgraciada de mí, yo, deseadora carnal. ¿Dónde recogeré la red de alimentos que se me ha ordenado?", añadió. Entonces invocó a Guardián del Alimento para que él viniera y para que ella llevara. "¡La de la Lluvia. La de la Madurez. La del Cacao, vosotras que preparáis el maíz, tú, Guardián del Alimento de Maestro Mono, Maestro Chango!" Dijo la adolescente. Tomó las barbas, las brácteas de la mazorca, las arrancó con cariño, sin coger la mazorca, [y] las arregló como mazorcas en la red; llenó la gran red. Entonces la joven se fue. Unos animales se encargaron de la red; al llegar fueron a ponerla contra la pared de la mansión. La abuela corrió para verla. Cuando la abuela vio una gran red llena de alimento: "¿De dónde te ha venido este alimento? ¿Has arruinado, has acabado de coger mis sementeras? Voy a ver", dijo la abuela, poniéndose en camino, yendo a ver sus sementeras. Pero había como siempre un tallo. Se veía dónde había sido puesta la red. Por tanto, la abuela volvió aprisa a la casa; [y] dijo a la adolescente: "En verdad, ése es el signo de que eres mi nuera. Todavía veré tus actos, los de los muy Sabios que están en ti"; [así] [le] dijo a la joven.

15

Aquí relataremos la infancia de Maestro Mago y Brujito. Aquí que vamos a contar su infancia. Cuando fue llegado el día del alumbramiento, la adolescente llamada Sangre dio a luz. La abuela no asistió al parto. Al instante nacieron los dos que fueron paridos, llamados Maestro Mago y Brujito; nacieron en la montaña. Entonces entraron en la morada: pero no dormían. "Vete a llevarlos afuera. En verdad sus bocas gritan", dijo la abuela. Entonces se les puso sobre las hormigas, pero su sueño fue placentero. De allí se les llevó y se les puso sobre espinas. Ahora bien, Maestro Mono, Maestro Chango, deseaban que muriesen allá, sobre las hormigas, o sobre las espinas. Lo deseaban porque [eran] rivales, envidiados, para Maestro Mono y Maestro Simio. Al principio sus hermanos menores no fueron recibidos por ellos en la mansión; no los conocieron y vivieron en la montaña. Ahora bien. Maestro Mono y Maestro Chango, eran grandes músicos, cantantes. [Los dos recién nacidos] crecieron, y grandes tormentos apenas los fatigaron, los atormentaron. Se habían vuelto grandísimos sabios: se habían vuelto músicos, cantantes, escultores: todo estaba bien [hecho] por ellos. Sabían su nacimiento; sabían también [que eran] los sustitutos de su padre, quien había ido a Xibalbá, adónde había muerto su padre. Maestro Mono, Maestro Chango, eran extraordinarios sabios; en su espíritu lo habían sabido todo desde luego, también cuándo habían nacido sus hermanos menores. Pero su sabiduría no se mostró a causa de su envidia; en ellos dominó la humillación de sus corazones. Aunque ningún acto de Maestro Mago y Brujito, les había perjudicado. En efecto, éstos no hacían cada día más que tirar con cerbatanas. No eran amados por su abuela ni por Maestro Mono y Maestro Simio. No se les daba de comer, sino que, cuando la comida había acabado, cuando Maestro Mono y Maestro Simio, habían comido, entonces venían ellos. No se encolerizaban, no se irritaban, pero padecían. Conocían su ser y se daban cuenta. Cada día al venir traían pájaros que Maestro Mono y Maestro Chango, comían sin darles nada al uno o al otro, Maestro Mago y Brujito, Maestro Mono y Maestro Simio, no hacían más que música, canto. Ahora bien. Maestro Mago y Brujito, habían venido sin traer pájaros; la abuela se encolerizó cuando entraron: "¿Por qué no traéis pájaros?", les dijo a Maestro Mago y Brujito. "Madre nuestra, he aquí que nuestros pájaros se han enredado en las ramas tupidas de un árbol", contestaron. "Abuela nuestra, no podemos subir al árbol para cogerlos; pero que nuestros hermanos mayores suban a él, que vengan con nosotros y que bajen los pájaros", añadieron. "Muy bien. Al alba iremos con vosotros, respondieron los primogénitos. Ahora bien, la inteligencia de Maestro Mono y Maestro Chango, estaba muerta en ellos dos en lo que respecta a su derrota. "No cambiaremos sino su ser y su vientre. Nuestra Palabra obrará a causa de los grandes padecimientos que nos han infligido para que muriésemos, que fuésemos aniquilados, que nos sobreviniese un accidente a nosotros sus hermanos menores. Como a criados nos han rebajado en sus corazones; nosotros los humillaremos igual, lo cual haremos como enseñanza", se dijeron el uno al otro mientras iban al pie del árbol llamado Palo-Amarillo. Acompañados de sus hermanos mayores, caminaban disparando con las cerbatanas, innumerables [eran] los pájaros que gorjeaban en el árbol, y sus hermanos mayores se maravillaban de descubrir aquellos pájaros. "He aquí pájaros, pero ni uno sólo ha caído al pie del árbol; no ha caído ninguno de nuestros pájaros; id a hacerlos caer", dijeron a los primogénitos. "Muy bien", respondieron éstos. Pero cuando hubieron subido al árbol, el árbol creció, su tronco engrosó; y cuando Maestro Mono y Maestro Chango, quisieron bajar después, les fue imposible de hacerlo de la cima del árbol. Desde ella dijeron: "¡Oh, hermanos menores nuestros! ¿Cómo ha sucedido esto? Tened piedad de nuestros rostros. He aquí que este árbol espanta a los que lo miran, ¡oh hermanos menores nuestros!"; [así] dijeron desde la cima del árbol. Y Maestro Mago y Brujito, dijeron: "Desenrollad vuestros taparrabos, atadlos bajo vuestros vientres, [con] una larga punta colgando que echaréis por detrás, y así marcharéis sin dificultad", [así] respondieron los dos hermanos menores. "Muy bien", dijeron [los primogénitos] tirando de las extremidades de sus taparrabos, pero al instante éstas se volvieron colas, y ellos fueron metamorfoseados en monos. En seguida saltaron por las cimas de los árboles de las montañas pequeñas y de las montañas grandes; saltaron por las selvas, alegrándose, balanceándose en las ramas de los árboles. Así fueron vencidos Maestro Mono y Maestro Simio," y por Maestro Mago y Brujito, quienes no lo hicieron sino por su Ciencia Mágica. Regresaron entonces a su casa. Al llegar dijeron a su abuela y a su madre: "¡Oh abuela nuestra! ¿Qué les ha pasado, pues, a nuestros hermanos mayores? De repente sus rostros se han vuelto como los de los animales", así dijeron. "Si sois vosotros quienes habéis hecho eso a vuestros hermanos mayores, me habéis hecho infeliz, me habéis hecho desdichada. ¡Oh hijos míos, no haced, pues, eso a vuestros hermanos mayores!", respondió la abuela a Maestro Mago y Brujito. Ellos contestaron entonces a su abuela: "¡Oh abuela nuestra, no os aflijáis! Volveréis a ver los rostros de nuestros hermanos mayores; volverán, pero esto será una prueba para vos, nuestra abuela. Guardaos de reír. Probad ahora su suerte". En seguida comenzaron a tocar la flauta, a tocar el "Mono del Maestro Mago". Después cantaron, tocaron el tambor, tomando sus flautas, sus tambores. Sentaron entonces con ellos a su abuela; cuando tocaron la flauta, con el canto y con la música ejecutaron el aire llamando con el nombre de "Mono del Maestro Mago". Entonces entraron Maestro Mono y Maestro Chango, quienes danzaron al llegar. Cuando la abuela echó de ver sus caras tan feas, cuando ella los vio, entonces la abuela se rio, la abuela no pudo contener la risa; al instante, fuéronse; ella no vio ya más sus caras. "¡Eh, abuela nuestra, se han ido a la selva! Abuela nuestra, ¿por qué hicisteis eso? Cuatro veces solamente probaremos. Solamente tres veces todavía haremos resonar la flauta, el canto. Retened vuestra risa, y que la prueba recomience", dijeron otra vez Maestro Mago y Brujito; después, tocaron de nuevo la flauta. [Los primogénitos] volvieron entonces, danzando, al centro de la morada, pero causaban tanto placer, incitaban tanto a reír a su abuela, que bien pronto la abuela se rio. Ciertamente risibles [eran] sus caras de monos con sus anchos vientres, sus colas inquietas, sus estómagos lisos; cuando entraron, esto hizo reír a la abuela. Entonces, volvieron a las montañas. "Abuela nuestra, ¿qué haremos? Solamente por la tercera vez probaremos", dijeron Maestro Mago y Brujito, quienes tocaron una vez más la flauta. [Los primogénitos] volvieron de nuevo bailando, pero su abuela se abstuvo de reír. Subieron a la terraza del edificio; sus ojos, muy rojos, chispeaban; se acurrucaron; [con] sus hocicos alargados se hicieron muecas. Entonces la abuela los miró de nuevo, y al instante la abuela estalló en risa. A causa de la risa de la abuela no se volvieron a ver ya más sus rostros. "¡Oh, abuela nuestra, los llamaremos todavía, por cuarta vez!". Entonces [los segundones] tocaron de nuevo la flauta, pero [sus hermanos mayores] no volvieron a la cuarta vez, sino que se fueron al instante a la selva. [Los segundones] dijeron, entonces, a la abuela: "Abuela nuestra, habíamos probado y al principio vinieron; acabamos aún de probar a llamarlos. No os enfadéis. Nosotros somos, nosotros, vuestros nietos y os miramos como a nuestra madre, oh abuela nuestra, en memoria de nuestros hermanos mayores que se distinguieron, que se llamaron Maestro Mono y Maestro Chango"; [así] dijeron Maestro Mago y Brujito. Ahora bien, [los primogénitos] eran invocados por los músicos, por los cantantes, entre los hombres de otros tiempos; antaño también los pintores, los cinceladores, los invocaban. Pero se volvieron animales, fueron transformados en monos, porque se enorgullecían, porque maltrataban a sus hermanos menores. Así fueron rebajados sus corazones; así fueron perdidos, aniquilados, Maestro Mono, Maestro Chango, vueltos animales. Ahora bien, habían estado siempre en su casa, en donde se habían hecho grandes músicos, cantantes, cuando vivían con su abuela, con su madre.

16

[Los segundones] comenzaron sus trabajos para reivindicarse ante su abuela, ante su madre. Primeramente hicieron su campo. "Oh abuela nuestra, oh madre nuestra, trabajaremos en los campos", manifestaron. "No os aflijáis. Nosotros somos, nosotros, vuestros nietos, los sustitutos de nuestros hermanos mayores", dijeron Maestro Mago y Brujito. Entonces tomaron su hacha [para madera], su azadón, su coa, y se pusieron a andar, cada uno con su cerbatana al hombro. Al salir de su casa recomendaron a su abuela que les llevara su comida. "Oh abuela nuestra, que se nos dé a mediodía nuestro alimento", dijeron. "Muy bien, oh nietos míos", les contestó su abuela. Llegaron pronto allá donde estaba el campo. Por todas partes en donde hundieron su azadón en la tierra, el azadón sólo trabajó la tierra; ellos no trabajaban; era sólo el azadón. Y golpearon con el hacha los troncos de los árboles y las ramas de los árboles, derribando, podando, derribándolo todo, árboles, bejucos; y cortaba aquella madera, realizaba todo aquello, un hacha sola. Así pues el azadón arrancaba mucho; innumerables las zarzas, los espinos, trabajados por un azadón solo; innumerable lo que fue arrancado en las montañas pequeñas, y en las grandes montañas. Entonces mandaron a un animal llamado Paloma Torcaz; habiéndola hecho subir a un gran tronco, Maestro Mago y Brujito, le advirtieron: "Mira cuando nuestra abuela venga a darnos nuestro alimento; arrulla así que llegue, arrulla y cogeremos el azadón, el hacha". "Muy bien", contestó Paloma Torcaz. He aquí que ellos no hicieron más que tirar con cerbatanas; en realidad no trabajaron el campo. Después de lo cual Paloma Torcaz arrulló. Enseguida tomó, el uno el azadón, el otro el hacha. Habiéndose envuelto la cabeza, el uno se enmascaró engañosamente de tierra las manos, ensuciándose el rostro lo mismo, como un auténtico labrador; el otro se cubrió falazmente de astillas de madera la cabeza, como si verdaderamente hubiera podado, trabajado. Entonces los vio su abuela. En seguida comieron. En verdad, no habían trabajado el campo; pues, no se merecían darles su comida. Cuando llegaron a la casa: "Abuela nuestra, verdaderamente nos acostamos", dijeron al entrar, estirando sin motivo sus piernas, sus brazos, delante de su abuela. Cuando al día siguiente regresaron al campo, todos los árboles, los bejucos, se habían vuelto a levantar, todas las zarzas, los espinos, estaban enmarañados, cuando llegaron. "¿Quién se ha burlado de nosotros?", dijeron. "Los que hicieron esto son todos los animales pequeños, los animales grandes, puma, jaguar, venado, conejo, zorro, coyote, cerdo, puerco-espín, los pájaros pequeños, los pájaros grandes; son ellos quienes hicieron esto y lo realizaron en una noche". En seguida comenzaron de nuevo a trabajar el campo, hicieron lo mismo en la tierra para cortar los árboles; celebraron consejo mientras cortaban los árboles, mientras arrancaban. "Vigilaremos nuestro campo. Quizás les cogeremos por sorpresa a quienes vinieron a hacer esto", dijeron celebrando consejo; después regresaron a la casa. "¿Qué veis? ¿Se burlan de nosotros, ¡oh abuela nuestra!? Grandes hierbas, la gran selva, [hay] allá adonde estaba nuestro campo cuando de día fuimos, ¡oh abuela nuestra!", dijeron a su abuela, y a su madre. "Regresaremos, vigilaremos; no [está] bien que se nos haga eso", dijeron. En seguida se armaron, y regresaron a sus árboles cortados y se ocultaron en ellos, se abrigaron a la sombra. Entonces los animalitos se reunieron, cada especie con cada una, todos los animales pequeños, los animales grandes; he aquí que a media noche llegaron y ordenaron: "¡Árboles, levantaos! ¡Bejucos, levantaos!"; [así] dijeron al llegar, amontonándose bajo los árboles, bajo los bejucos; entonces avanzaron, se mostraron, ante los rostros [de los dos segundones]. He aquí los primeros: el puma, el jaguar; [los jóvenes] quisieron cogerlos, pero no se dejaron. Entonces avanzaron con las colas levantadas, el venado, el conejo; [los jóvenes] los asieron pero no arrancaron más que la extremidad de la cola del venado y del conejo, que se les quedó entre las manos: habiendo asido la cola del venado y la cola del conejo, fueron acortadas. Las del zorro, el coyote, el cerdo, el puerco-espín, no pudieron hacerlo. Todos los animales se mostraron ante Maestro Mago y Brujito. Los corazones de éstos se entristecieron porque no cogieron ninguno. Otro llegó, el último; saltando. Entonces se pusieron de través [en su camino], cogieron en un pañuelo a la Rata. Habiéndolo hecho le apretaron vivamente la cabeza, queriendo ahogarla. Le quemaron la cola en el fuego; entonces la rata comenzó a llevar así la cola, a no tener pelos en la cola; sus ojos [volviéronse saltones] porque habían querido ahogarla los engendrados Maestro Mago y Brujito. "Que yo no muera por vuestras manos. Vuestro oficio no es cultivar", les dijo la rata. "¿Qué nos cuentas tú ahora?", respondieron a la rata los engendrados. "Dejadme un momento. Mi Palabra está en mi vientre y yo os la contaré: dadme ahora algo de comer", dijo la rata. "Después te daremos de comer; cuenta primero". "Muy bien. He aquí que los bienes de vuestros padres llamados Supremo Mago, Principal Maestro Mago, quienes murieron en Xibalbá, se hallan suspendidos en lo alto de la mansión; sus anillos, sus guantes, su pelota; pero vuestra abuela no quiso enseñároslo, pues vuestros padres murieron por eso". "¿Dices la verdad?", dijeron a la rata los engendrados. Gran alegría [hubo] en sus corazones al oír la historia de la pelota. Habiéndolo contado la rata, le dieron de comer. "He aquí tu alimento; maíz, chile blanco, frijoles, cacao [moneda], chocolate, serán tuyos; lo que fuere conservado, olvidado, tuyo también y tú lo roerás", dijeron a la rata Maestro Mago y Brujito. "Muy bien, engendrados. ¿Qué diré si vuestra abuela me ve?", respondió. "Que tu corazón no tema. Aquí estamos nosotros, a punto estamos para responder a nuestra abuela. Vamos aprisa a subir a ese rincón de la mansión; vamos adonde es necesario ir; tú subirás aprisa adonde aquello está suspendido; nosotros prepararemos los cordajes de la mansión; también veremos por nuestra comida", dijeron a la rata. Se consultaron una noche; después de haber celebrado consejo, Maestro Mago y Brujito, llegaron a mediodía. Sin mostrar la rata que llevaban, llegaron; el uno entró abiertamente en la casa; el otro fue al rincón de la mansión, en donde de inmediato dejó trepar a la rata. Pidieron entonces a su abuela su comida. "Moled solamente nuestro alimento; no deseamos más que un caldo con chile, oh abuela nuestra", dijeron. Ella les aderezó al instante una copa de caldo caliente que puso delante de sus rostros. Solamente para engañar a su abuela, a su madre. Derramaron el agua del cántaro. "Nuestras bocas están ciertamente secas. Id a buscar nuestra bebida", dijeron a la abuela. "Sí", dijo ella saliendo. Sin embargo, comieron, sin hambre; no actuaban sino fingiendo. Mientras vigilaban el caldo de chile para la rata, la rata trepaba junto a la pelota suspendida en lo alto de la mansión. Mientras vigilaban el caldo de chile, enviaron un Mosquito; el Mosquito, animal semejante a un cínife,[1] fue al borde del río; al instante agujereó el fondo del cántaro de la abuela, y el agua se derramó por él; ella trató de tapar el fondo pero no pudo. "¿Qué hace nuestra abuela? Nos sofocamos, [por falta] de agua; nos acabamos por nuestras bocas secas, dijeron a su madre, enviándola afuera. La rata subió en seguida junto a la pelota que cayó de las cuerdas de la casa con los anillos, los guantes, los escudos de cuero; los tomaron al instante y marcharon a esconderlos en el camino que conducía al juego de pelota. Después fueron a buscar a su abuela al borde del río; su abuela, su madre, trataban cada una de tapar el fondo del cántaro. Llegaron ellos, cada uno con sus cerbatanas, [y] avanzaron hasta el borde del río. "¿Qué hacéis? Nuestros corazones se cansan; venimos", dijeron. "Ved el fondo del cántaro; no se puede tapar", contestó la abuela. Al instante ellos lo taparon. Volvieron, marchando delante de su abuela. Así les fue entregada la pelota.

17

Sea como fuere, ellos se alegraron de ir a pelotear en el juego de pelota. Fueron lejos a jugar solos; barrieron el juego de pelota de su padre. Entonces los jefes de Xibalbá

1. Una clase de *zancudo*.

los oyeron. "¿Quiénes son esos que comienzan ahora a jugar sobre nuestras cabezas, que no se avergüenzan de hacer temblar la tierra? Supremo Maestro Mago, Principal Maestro Mago, que quisieron pavonearse ante nuestros rostros, ¿no están muertos? Que se vaya, pues, a llamar a ésos", dijeron Supremo Muerto, Principal Muerto, a todos los jefes. Enviaron y dijeron a sus mensajeros: "Id a decirles: «que vengan». «Aquí queremos pelotear con ellos; dentro de siete días jugaremos», dicen los jefes. Id a decirles eso", fue repetido a los mensajeros. Éstos tomaron el gran camino que los engendrados habían desmontado hasta su casa, recto; por él los mensajeros llegaron directamente hasta [donde estaba] la abuela, [los engendrados] comían [en el juego de pelota] cuando llegaron los mensajeros de Xibalbá. "En verdad, que vengan, dicen los jefes", dijeron los mensajeros de Xibalbá. Entonces indicaron el día de la venida [de los engendrados]. "Dentro de siete días se les esperará", manifestaron a Antigua Ocultadora los enviados. "Muy bien. Allí estarán, ¡oh mensajeros!", respondió la abuela. Y los enviados se pusieron en camino y regresaron [a Xibalbá]. Entonces se angustió el corazón de la abuela: "¿A quién enviaría yo para hablar a mis nietos? En verdad, ¿no es así como antaño vinieron los mensajeros a coger a sus padres?", dijo tristemente la abuela entrando sola en la casa. Al instante por debajo [de su vestido] cayó un piojo. Ella lo asió, lo levantó, lo puso en su mano en donde el piojo se movió. "Oh nieto mío, ¿quieres que te envíe al juego de pelota para llamar a mis nietos?", le dijo al piojo. "Unos mensajeros han venido como heraldos a decir a vuestra abuela: «Que se preparen y que dentro de siete días vengan»; [así] han dicho los mensajeros de Xibalbá. Así dice vuestra abuela", le dijo al piojo. Entonces éste caminó, se apresuró. Ahora, pues, sentado en el camino, [encontró a] un engendrado llamado Batracio, un sapo. "¿Adónde vas?", le dijo el sapo al piojo. "Mi palabra está en mi vientre; voy hacia [donde están] los jóvenes", dijo el piojo a Batracio. "Muy bien. No te apresuras, por lo que veo", manifestó al piojo el sapo. "¿Quieres que te trague? Verás cómo me apresuro. Llegaremos al instante". "Muy bien", dijo el piojo al sapo, y acto seguido el sapo lo engulló. Ahora bien, el sapo anduvo largo tiempo, caminando sin darse prisa; después encontró a una gran serpiente llamada Blanca Víbora. "¿Adónde vas, oh Batracio, ¡oh engendrado!?", dijo Blanca Víbora al sapo. "Soy un mensajero; mi Palabra está en mi vientre", dijo el sapo a la serpiente. "Por lo que veo, no te apresuras. ¿Iré yo más aprisa?", dijo la serpiente al sapo. "Ven aquí aprisa", añadió; entonces el sapo fue tragado por Blanca Víbora. Desde entonces las serpientes toman [al sapo] como alimento; se comen ahora a los sapos. La serpiente caminaba, corría. La serpiente fue encontrada por el Gavilán, gran ave; al instante la serpiente fue tragada por el gavilán, quien poco después llegó a lo alto del juego de pelota. Desde entonces el gavilán se comió a las serpientes en las montañas. Al llegar, el gavilán se posó en el reborde del [edificio] del juego de pelota en donde se divertían en pelotear Maestro Mago y Brujito. Al posarse el gavilán gritó: "¡Gavilán! ¡Gavilán!"; su grito dijo: "Gavilán". "¿Qué es ese grito? ¡Pronto, nuestras cerbatanas!", dijeron [los engendrados], [y] después dispararon con las cerbatanas al gavilán, le enviaron en los ojos el hueso de la cerbatana; al instante dio una vuelta sobre sí mismo y cayó. Corrieron inmediatamente a cogerlo. | y] después lo interrogaron: "¿Por qué vienes?", le dijeron al gavilán. "Mi mensaje está en mi vientre, pero primero curad mis ojos [y] después os lo diré", dijo el gavilán. "Muy bien", dijeron ellos. Tomaron un poco de la pelota de su juego de pelota y lo aplicaron sobre la cabeza del gavilán. Esto fue llamado Remedio-Pelota por ellos. Al instante con eso curaron bien la faz del gavilán. "Habla ahora", le dijeron al gavilán. Entonces él vomitó a la gran serpiente. "Habla", le dijeron a la serpiente. "Sí", dijo ésta, y entonces vomitó al sapo. "¿Dónde está el mensaje anunciado?", le dijeron al sapo. "En mi vientre está mi Palabra", dijo el sapo. Entonces trató [de vomitar], hizo esfuerzos, pero no vomitó; la tentativa solamente cubrió de baba su boca, sin vomitar. Los engendrados quisieron entonces maltratarlo. "Eres un farsante", dijeron pateándole el trasero, los huesos de su trasero descendieron sobre sus piernas. Probó otra vez; solamente baba ensució su boca. Entonces abrieron la boca del sapo; fue abierta | su boca] por los engendrados; buscaron en su boca; el piojo estaba junto a los dientes del sapo. No se lo había tragado: fingió. Así fue vencido el sapo; no se conoce la clase de alimentos que le fue dado; no es sino carne para serpientes. "Habla", fue dicho entonces al piojo. Él contó su mensaje. "Oh engendrado, vuestra abuela ha dicho esto: «Ve a llamarlos. De Xibalbá han venido a llamarlos los mensajeros de Supremo Muerto, Principal Muerto. Que vengan aquí a pelotear con nosotros dentro de siete días; que vengan también sus accesorios de juego; pelota, anillos, guantes, escudos de cuero; que aquí se fortalezcan sus rostros, dicen los jefes. En verdad, ellos han venido», dice vuestra abuela. Entonces yo he venido. Vuestra abuela ha dicho eso. Vuestra abuela llora, gime. Yo he venido". "¿Es cierto esto?", dijeron en sus corazones los engendrados, al escucharlo. Al instante caminaron, llegaron junto a su abuela, solamente para despedirse de ella, para partir. "Oh abuela nuestra, partimos, nos despedimos de vos. He aquí que dejamos el signo de nuestra Palabra. Cada uno plantamos aquí una caña; las plantamos en medio de la casa. Si se secan, signo será de nuestra muerte. «Han muerto», diréis si se secan. Si echan yemas diréis: «Viven». Oh abuela nuestra, oh madre nuestra, no lloréis. He aquí el signo de nuestra Palabra que queda junto a vosotras", dijeron.

Partieron, luego que Maestro Mago hubo plantado una [caña], [y que] Brujito hubo plantado una [caña], no en las montañas, no en una tierra verdeante, sino en una tierra seca, en medio de la casa en donde las dejaron plantadas.

18

Entonces caminaron, cada uno con su cerbatana. Descendieron hacia Xibalbá. Lo hicieron aprisa la pendiente rápida y pasaron los ríos encantados de los barrancos; lo hicieron entre pájaros; los llamados Congregados. Pasaron el río Absceso, el río Sangre, en donde, en el espíritu de los Xibalbá, debían ser vencidos; no lo hicieron sino sobre sus cerbatanas. Salidos de allí, llegaron a la encrucijada de los Cuatro Caminos. Ahora bien, ellos conocían los caminos de Xibalbá: el camino negro, el camino blanco, el camino rojo, el camino verde. Por tanto, desde allí enviaron a un animal llamado Mosquito; éste debía recoger las noticias que ellos le enviaban a buscar: "Pica a cada uno de ellos. Muerde primeramente al [que esté] sentado primero, [y] después, acaba por picarlos a todos. Tu alimento será chupar en los caminos la sangre humana", fue dicho a Mosquito. "Muy bien", contestó Mosquito. Entonces entró por el camino negro. Llegó junto al monigote, al [muñeco] labrado en madera, los primeros sentados, engalanados. Picó al primero, que no habló. Picó al otro, picó al segundo sentado, que no habló. Picó al tercero; el tercero era Supremo Muerto. "¡Ay! ¡Ay!", dijo Supremo [Muerto] cuando fue picado. "¿Qué, Supremo Muerto, quién os picó?", le pidió Principal Muerto. "No sé", respondió Supremo Muerto. "¡Ay!" dijo el cuarto sentado. "¿Qué, Principal Muerto, quién os picó?", preguntó el quinto sentado. "¡Ay! ¡Ay!", dijo. Extiende Tullidos. Principal Muerto le inquirió: "¿Quién os picó?". Picado, el sexto dijo: "¡Ay!". "¿Qué, Reúne Sangre?", le confesó Extiende Tullidos. "¿Quién os picó?", dijo el séptimo, que entonces fue picado. "¡Ay!", dijo. "¿Qué, El del Absceso?", le replicó Reúne Sangre. "¿Quién os picó?", dijo el octavo sentado que fue entonces picado. "¡Ay!" dijo. "¿Qué, El de la Ictericia?", le dijo el del Absceso. "¿Quién os picó?", le dijo el noveno sentado que entonces fue picado. "¡Ay!", dijo. "¿Qué, Varilla de Hueso?", le dijo el de la Ictericia. "¿Quién os picó?", le preguntó el décimo sentado, que fue entonces picado. "¡Ay!" "¿Qué, Varilla de Cráneos?", le dijo Varilla de Huesos. "¿Quién os picó?", interrogó el undécimo sentado, que fue entonces picado. "¡Ay!", dijo. "¿Qué?", le dijo Varilla de Cráneos. "¿Quién os picó?", manifestó el duodécimo sentado, que fue entonces picado: "¡Ay!", dijo. "¿Qué, Opresión?", le fue preguntado. "¿Quién os picó?", dijo el decimotercero sentado que fue entonces picado. "¡Ay!". "¿Qué, Gavilán de Sangre?", le confesó Opresión. "¿Quién os picó?", dijo el decimocuarto sentado que fue entonces picado. "¡Ay!". "¿Quién os picó, Garras Sangrientas?", le expresó Dientes Sangrientos. Así fueron nombrados; todos se nombraron el uno al otro; así, manifestaron sus rostros; al nombrar sus nombres, siendo nombrado cada uno de los capitanes por el otro; el nombre de uno, sentado en el rincón. No hubo ninguno cuyo nombre se omitiera. Se acabó de nombrar todos cuando fueron picados por el pelo de la faz de la rodilla de Maestro Mago; en realidad no era un mosquito quien les había picado, quien había ido a escuchar todos sus nombres para Maestro Mago y Brujito. En seguida, éstos caminaron, llegaron a donde estaban los de Xibalbá. "Saludad a los jefes", se [les] dijo; "ésos sentados", [les] dijo un tentador. "Ésos no son los jefes, sino un monigote, un muñeco de madera", dijeron ellos adelantándose. Entonces saludaron: "Salud, Supremo Muerto. Salud, Principal Muerto. Salud, Extiende

Tullido. Salud. Reúne Sangre. Salud, El del Absceso. Salud El de la Ictericia. Salud, Varilla de Huesos. Salud, Varilla de Cráneos. Salud. Gavilán de Sangre. Salud, Dientes Sangrientos. Salud. Garras Sangrientas", dijeron al adelantarse. De todos descubrieron los rostros, nombraron todos sus nombres; no hubo ni un nombre callado. [Los Xibalbá] hubieran deseado que sus nombres no fuesen descubiertos por ellos. "Sentaos", les dijeron, deseando que se pusiesen sobre un banco, pero [los engendrados] no obedecieron. "Ése no es nuestro banco sino un banco de piedra ardiente" dijeron, invictos. Maestro Mago y Brujito. "Muy bien. Id a vuestra morada", se les dijo. Entonces vencedores, entraron en la Mansión Tenebrosa.

19

Ésa era la primera prueba de Xibalbá. Entonces, en el espíritu de Xibalbá, desde la entrada iniciaban su derrota. En primer lugar entraron en la Mansión Tenebrosa. Se fue en seguida a darles sus pinos encendidos; entonces fue entregado a cada uno su tabaco por los mensajeros de Supremo Muerto. "El jefe dice: "He aquí los pinos. Al alba devolverán sus pinos y sus tabacos; los devolverán intactos"; así ordena el jefe", dijeron al llegar los mensajeros. "Muy bien", se les contestó. En realidad ellos no encendieron sus pinos, sino que pusieron en su lugar algo rojo; fue una cola de guacamayo lo que vieron, semejante a pinos [encendidos], los veladores. Pusieron sobre su tabaco solamente bestezuelas de fuego. Alumbraron con aquello una noche. "Están vencidos", afirmaron los veladores. Pero sus pinos no estaban acabados, [tenían] el mismo aspecto, y su tabaco, que no habían encendido, la misma forma; fueron a darlos a los jefes. "¿Cómo lo han hecho? ¿De dónde vienen esos Varones? ¿Quién los llevó, quién los engendró? Verdaderamente nuestro corazón arde por esto. No está bien lo que nos hacen. Extraños [son] sus rostros, extraños son, saberlo", se dijeron entre sí. Entonces todos los jefes los hicieron llamar: "Vamos, juguemos a la pelota, ¡oh engendrados!", dijeron. Entonces Supremo Muerto, Principal Muerto, los interrogaron: "¡Oh vosotros, ¿de dónde venís? Contádnoslo todo, oh engendrados!", les dijeron los Xibalbá. "¿De dónde venimos? No sabemos", contestaron ellos sin responder nada más. "Bien. Lancemos pues nuestra pelota, ¡oh engendrados!", les dijeron los Xibalbá. Ellos contestaron: "Bien. No usaremos sino nuestra pelota, la de nosotros". Los Xibalbá dijeron: "No usaréis la de vosotros, sino la de nosotros". Los engendrados manifestaron: "No es ésa, es la nuestra la que usaremos". "Muy bien", dijeron los Xibalbá. Los engendrados dijeron: "Id solamente por un Chil". Los Xibalbá dijeron: "No, sino una cabeza de puma". "Está dicho", dijeron los engendrados. "No", dijeron los Xibalbá. "Muy bien", dijo Maestro Mago. Cuando el juego iniciaron los Xibalbá, éstos enviaron [la pelota] ante el anillo de Maestro Mago. En seguida, mientras que los Xibalbá miraban su lanzamiento de juego, la pelota se lanzó, se fue botando por todas partes en el suelo del juego de pelota. "¿Qué, pues?", dijeron Maestro Mago y Brujito. "Queréis pues que muramos. ¿No habéis mandado [a decir] que viniésemos aquí? ¿Vuestros mensajeros no vinieron? En verdad, tened piedad de nuestros rostros. Pero nos vamos", dijeron los engendrados. He aquí lo que [Xibalbá] deseaba para los engendrados: que muriesen pronto en el juego de pelota, que fuesen vencidos. [No fue] así, sino que los Xibalbá fueron vencidos por los engendrados. "No os vayáis, ¡oh engendrados! Juguemos a la pelota; admitimos la vuestra", se [les] dijo a los engendrados. "Muy bien", respondieron éstos [y] después lanzaron su pelota. Entonces terminó el juego de pelota.

En seguida confesaron sus derrotas. "¿Cómo los venceremos?", dijeron los Xibalbá. "Marchad pues en seguida", se [les] dijo a los engendrados. "Cogednos cuatro jarrones de flores", dijeron los Xibalbá. "Perfectamente. ¿Qué flores?", dijeron a los Xibalbá los engendrados. "Un ramo de rojas Crotalarias, un ramo de blancas Crotalarias, un ramo de amarillas Crotalarias, un ramo de Grandes Peces". dijeron los Xibalbá. "Muy bien", contestaron los engendrados. Entonces descendieron las flechas [que los guardaban; todas iguales en fuerza; numerosas las flechas [que guardaban] a aquellos engendrados; pero buenos los corazones de éstos cuando se dieron a aquellos que debían vencer a los engendrados. Los Xibalbá se alegraban ya de que éstos serían vencidos. "Actuamos bien. En verdad serán vencidos", decían los Xibalbá. "¿Adónde iréis a coger las flores?", decían en su pensamiento. "En verdad esta noche nos daréis las flores. Venceremos ahora", dijeron los Xibalbá a los engendrados Maestro Mago y Brujito. "Muy bien". "Esta noche jugaremos también a la pelota", dijeron despidiéndose de ellos. Cuando los engendrados entraron después en la Mansión de Obsidiana, la segunda prueba de Xibalbá, [los jefes] habían ordenado que fuesen atravesados de parte a parte por las flechas; que esto sucediera rápido: que muriesen; pero no murieron. [Los engendrados] hablaron entonces a las flechas, les dijeron: "He aquí. Para vosotros [serán] todas las carnes de animales", dijeron a las flechas; éstas no se movieron ya más, todas las flechas se inclinaron. Estuvieron ellos así [toda] la noche en la Mansión de Obsidiana. Pronto llamaron a todas las hormigas. "Hormigas-Obsidianas. Hormigas Zampopos venid, id todas, id a tomar todas las clases de flores que pidieron los jefes". "Muy bien", respondieron ellas. Todas las hormigas fueron a coger las flores del jardín de Supremo Muerto. Ya éstos habían ordenado a los Vigilantes de las flores de Xibalbá: "¡Oh vosotros que vigiláis nuestras flores, no las dejéis robar por esos engendrados [a los] que venceremos! ¿Adónde irían ellos a ver en otra parte las [flores] que les hemos ordenado? No hay. Vigilad esta noche". "Muy bien", respondieron. Pero los vigilantes del jardín no oyeron [a las Hormigas]. En vano gritaban entre las ramas de los árboles del jardín, con los mismos cantos y palabras: "Se ha entrado en lo negro, se ha entrado en lo negro", decía el uno [cantando]. "Sobre los montes, sobre los montes", decía [el otro] cantando. Sobres los montes, nombre de los dos Vigilantes del jardín de Supremo Muerto, Principal Muerto. Pero no supieron que las hormigas robaban lo que ellos guardaban. Iban por filas, cortando los tallos de las flores, caminando con aquellas flores que llevaban con sus pinzas, sobre los árboles, aquellas flores olorosas, bajo los árboles. Sin embargo, los Vigilantes gritaban a voz en cuello, sin saber que unas pinzas aserraban sus colas, aserraban sus alas. Era una cosecha de flores la que cortaban las pinzas, de perfumes, la que transportaban las pinzas. Apresuradamente se llenaron los cuatro jarrones de flores y estaban llenos al alba. Los mensajeros fueron en seguida a llamarlos: "Que vengan, dice el jefe, que traigan inmediatamente aquello de que hemos hablado", dijeron a los engendrados. "Muy bien", contestaron éstos. Tenían los cuatro jarrones llenos de flores, cuando se presentaron ante los rostros del jefe, de los jefes; éstos tomaron las flores, agradables de ver. Así fue vencido Xibalbá. Los engendrados no habían mandado sino hormigas. En una sola noche, las hormigas habían cogido las flores, las habían dado [a los engendrados] en los jarrones. Entonces todos los Xibalbá cambiaron de color; a causa de aquellas flores sus rostros se volvieron cerúleos. Al instante enviaron a buscar a los Vigilantes de las flores. "¿Por qué dejasteis robar nuestras flores? ¡He aquí que vemos aquí nuestras flores!", dijeron a los Vigilantes. "Nosotros no supimos nada, ¡oh jefes! Nuestras colas sufrieron", respondieron ellos. Entonces se hirieron sus bocas, en pago del robo de lo que vigilaban. Así Supremo Muerto, Principal Muerto, fueron vencidos por Maestro Mago y Brujito; [éste fue] el comienzo de sus acciones. Desde entonces los "Se ha entrado en lo negro" tienen la boca hendida; ahora está hendida. Después de esto se descendió a jugar a la pelota. Todos juntos pelotearon. Entonces se previnieron para el alba; así dijo Xibalbá. "Muy bien", contestaron por último los engendrados.

20

Entraron en seguida en la Mansión del Frío. Grandísimo frío. Denso el granizo menudo en la Mansión, casa del frío. El frío cesó de golpe por la Magia de los nietos, el frío fue destruido por los engendrados. No murieron; vivían al alba; Xibalbá deseaba sin embargo que muriesen, pero esto no sucedió y de buen aspecto estaban sus caras cuando llegó el alba. Salieron cuando sus vigilantes fueron a llamarlos. "¡Como! ¡No han muerto!", dijo el gobierno de Xibalbá, maravillándose de las acciones de los engendrados Maestro Mago y Brujito. Entraron después en la Mansión de los Jaguares. Muchos jaguares en ella: "No nos mordáis, somos de los vuestros", dijeron a los jaguares. Arrojaron en seguida huesos ante los animales, quienes enseguida pulverizaron los huesos. "Al fin, ya están pues acabados, sus corazones son comidos, al fin se han entregado; he aquí que son molidos sus huesos", decían los veladores, regocijándose todos en sus corazones. Pero ellos no habían muerto; de nuevo buen aspecto tenían. Salieron de la Mansión de los Jaguares. "¿De qué naturaleza son? ¿De dónde vienen?", dijeron todos los Xibalbá. Entraron después en el fuego, en una Mansión de Fuego. Solamente fuego en el interior. No fueron consumidos por él, aunque asase, aunque ardiese. También [estaban] buenos sus rostros cuando vino el alba. Sin embargo, mucho se deseaba que muriesen allá por donde pasaban todavía; esto no sucedió, y por eso desfalleció el corazón de Xibalbá. Entraron después en la Mansión de los Murciélagos. Sólo murciélagos en ella, una Mansión de los Murciélagos de la Muerte, grandes animales que tenían el mismo aparato mortal que Punta Victoriosa, acabando al instante a aquellos [que llegaban] ante sus fauces. Estuvieron allá adentro, pero durmieron en sus cerbatanas; no fueron mordidos por los dientes que estaban en la Mansión. Se entregaron en seguida, pero a un Murciélago de la Muerte que vino del cielo a enseñarles lo qué debían hacer. Los murciélagos se interrogaron, celebraron consejo una noche, aleteando. "Brujo Abatido, Brujo Abatido", decían, lo advirtieron una noche: cesaron sin embargo un poco. Los murciélagos no se balancearon ya más, permanecieron en una punta de las cerbatanas. Brujito dijo entonces a Maestro Mago: "El alba llega. Mira", "Quizás llega. Voy a mirar", respondió. Cuando quiso mirar desde la boca de la cerbatana, cuando quiso, ver salir el alba, al instante su cabeza fue rebanada por Murciélago de la Muerte, y la grandeza de Maestro Mago permaneció débil. Brujito preguntó de nuevo: "¿No alborea?", pero Maestro Mago no se volvió. "¿Habrá partido Maestro Mago? ¿Cómo hiciste eso?". Pero [Maestro Mago] no contestaba, puso sólo permanecía extendido allí. Entonces Brujito sintió vergüenza. "¡Ay! Vencidos estamos", dijo. En seguida se puso la cabeza del Maestro Mago en el juego de pelota, cumpliendo la palabra de Supremo Muerto, Principal Muerto. Todo Xibalbá se regocijó contemplando la cabeza de Maestro Mago.

Después Brujito llamó a todos los animales, puercoespines, cerdos, todos los animales pequeños, los animales grandes, durante la noche, y la misma noche les preguntó lo que comían. "¿Cuál es vuestro alimento de cada uno? He aquí que os he llamado para que vayáis a tomar vuestro alimento", les dijo Brujito. "Muy bien", contestaron. Entonces fueron a tomar el suyo, todos fueron a elegir. Hubo quienes escogieron lo podrido, hubo quienes tomaron la hierba, hubo quienes se decidieron por la piedra, hubo quienes lo hicieron por la tierra. Fueron variados los alimentos de los [pequeños] animales de los grandes animales. Detrás de los oíros quedaba la Tortuga acorazada: fue a tomar [su parte] zigzagueando, llegó al extremo [del cuerpo], [y] se puso en el lugar de la cabeza de Maestro Mago; al instante se esculpieron los huesos de la cara. Numerosos sabios vinieron del cielo. Los Espíritus del Cielo, los mismos Maestros Gigantes, vinieron a abatirse, vinieron encima de la Mansión de los Murciélagos. Aunque la cabeza de Maestro Mago no se terminó en seguida, estuvo bien hecha, apareció con una bella cabellera y también habló. Y ahora he aquí que quiso hacerse de día que enrojeció, se coloreó el mundo, que se abrió [el día]. "¿El Opossum va a existir?". "Si", respondió el Abuelo. Entonces abrió [sus piernas]; después hubo de nuevo obscuridad; cuatro veces el Abuelo abrió [sus piernas]. "He aquí que se abre el Opossum". dicen ahora los hombres. Cuando él iluminó, entonces comenzó la existencia. "¿La cabeza de Maestro Mago está bien así?", se dijo. "Bien", fue contestado. Así se hizo el molde de la cabeza, y aquello fue en verdad semejante a una cabeza. En seguida tomaron sus decisiones, se recomendaron no jugar a la pelota. "No arriesgues más que tú". "Obraré solo", respondió Brujito. Ordenó en seguida a un Conejo. "Ve a ponerte encima del juego de pelota, y estate sobre el reborde", fue transmitido al conejo por Brujito. "Cuando la pelota llegue a ti, vete; yo obraré en seguida", dijo al conejo mandándole de noche. Ya venía el alba y buenos estaban los rostros de los dos [engendrados]. Se descendió entonces a pelotear allá adonde estaba suspendida la cabeza de Maestro Mago, encima del juego de pelota. "Somos vencedores. Vosotros manifestáis mucha vergüenza; vosotros os habéis entregado"; fue dicho. Entonces se gritó a Maestro Mago: "Arranca tu cabeza de la pelota", así se le dijo, pero él no sufría con sus insultos. Y he aquí que los jefes de Xibalbá lanzaron la pelota; Brujito fue en contra; la pelota se detuvo erguida ante el anillo y salió enseguida. La pelota pasó rápidamente por encima del juego de pelota, y de un bote, se detuvo en el reborde. Entonces salió el Conejo quien se fue brincando, pero al instante fue perseguido por los Xibalbá quienes corrieron sin concierto, quienes chillaron detrás del conejo; bien pronto todo Xibalbá acabó por ir [tras el conejo]. Enseguida Brujito cogió la cabeza de Maestro Mago y la puso en lugar de la tortuga: después fue a poner a la tortuga encima del juego de pelota. Sin duda, aquella cabeza era la cabeza de Maestro Mago, lo que les alegró a los dos. He aquí que los Xibalbá buscaban la pelota; habiendo cogido después la pelota en el reborde, gritaron: "Venid. He aquí la pelota; la hemos atrapado": [así] dijeron trayéndola. Entonces vinieron los Xibalbá. "¿Qué vimos?", dijeron al recomenzar a pelotear, Y se peloteó con igualdad, haciéndose [puntos] de los dos [lados]. La tortuga fue pronto golpeada por Brujito; la tortuga cayó en el juego de pelota, se desparramó, habiendo estallado como una vasija de barro ante sus rostros. "¿Quién de vosotros irá a cogerla? ¿Dónde está el que la cogerá?", dijeron los Xibalbá. Así, pues, fueron vencidos los jefes de Xibalbá por Maestro Mago y Brujito. Grandes fueron los sufrimientos [de éstos] pero no murieron de todo lo que se les vino encima.

22

Relatemos ahora el recuerdo de la muerte de Maestro Mago y Brujito. Habían sido advertidos de los tormentos que se les hicieron, de los sufrimientos que se les hicieron, sin morir en las pruebas de Xibalbá, sin ser vencidos por todos los animales mordedores que había en Xibalbá. Llamaron en seguida a dos augures, semejantes a videntes, llamados Adivino y Descubridor, unos sabios. Si fuereis interrogados por los jefes de Xibalbá acerca de nuestra muerte que ellos meditan y que ellos preparan, porque todavía no estamos muertos, porque no fuimos vencidos, no fuimos perdidos, en sus pruebas, [decidles que es] solamente [porque] los animales no entraron [en acuerdo] con ellos. En nuestro espíritu sabemos que una piedra ardiente será el instrumento de nuestra muerte. Todos los Xibalbá se han reunido [para esto]. Pero en realidad no moriremos. He aquí que os damos nuestros consejos. Si para ello se os interrogara acerca de nuestra muerte, cuando seamos cortados, ¿qué diréis vosotros, ¡oh Adivino! ¡oh Descubridor!? Si se os dice: «Si esparciésemos sus huesos en el barranco, ¿estaría bien?» Vosotros diréis: «Así revivirán sus rostros». Si se os manifiesta: «Colgarlos de los árboles, ¿estaría bien?» Vosotros diréis: «No [estaría] bien, pues volveríais a ver sus rostros». Si por tercera vez, se os manifiesta: «¿Estaría bien que esparciésemos sus huesos en el río?», si eso os es manifestado por ellos, «Así es como morirán. Después será bueno moler en la piedra sus huesos como es molida en harina la mazorca seca de maíz; que cada uno sea molido; los esparciréis en seguida en el río allá en donde cae la fuente, a fin de que se vayan a las montañas pequeñas y a las montañas grandes», les responderéis, repitiendo las órdenes que os damos", dijeron Joven Maestro Mago y Brujito. Ellos ordenaban, sabiendo que morirían. He aquí que se hizo una gran piedra ardiente semejante a una barbacoa; Xibalbá la hizo y puso en ellas muchas ramas grandes. Los mensajeros llegaron en seguida para acompañarlos, los mensajeros de Supremo Muerto, Principal Muerto. "Que se venga. Vamos con los engendrados. Que se venga a ver que vamos a asarlos, dice el jefe, oh engendrados", fue dicho. "Muy bien", contestaron. Caminaron apresuradamente. Llegaron junto al horno semisubterráneo. Permitieron que soportasen burlas. "Tomemos pues aquí nuestras bebidas fermentadas, y que cuatro veces cada uno de nosotros extienda los brazos, ¡oh engendrados!", fue dicho por Supremo Muerto. "No os burléis así de nosotros. ¿No sabéis que moriremos? ¡oh jefes!", contestaron ellos. Abrazándose rostro con rostro, alargaron sus brazos [y] fueron a extenderse boca abajo los dos, sobre el horno semisubterráneo, [y] después murieron los dos. En seguida todos los Xibalbá se llenaron de contento, por sus silbidos, por sus ruidos. "Al fin verdaderamente somos vencedores; no es prontamente como ellos se han dado", dijeron. Finalmente, llamaron a Adivino, Descubridor, a quienes [los engendrados] habían dejado sus órdenes. Así, se les preguntó adonde debían ir los huesos, y, cuando hubieron adivinado, los Xibalbá molieron los huesos, fueron a esparcirlos en el río; pero [los huesos] no fueron lejos y descendieron al instante al fondo del agua, en donde se volvieron unos hermosos adolescentes, de los cuales ciertamente se manifestaron otra vez sus rostros.

23

Al quinto día aparecieron, pues, de nuevo, y fueron vistos en el agua por los hombres. Aparecieron semejantes a dos Hombres-Peces. Entonces sus rostros fueron vistos por los Xibalbá, y fueron buscados en las aguas. Al día siguiente se mostraron dos pobres, de lastimoso rostro y aspecto; unos lamentables vestidos [eran] sus trajes; sin adornos. Entonces fueron vistos por los Xibalbá. Hicieron poco, pero bailaron el Búho, la Comadreja, el Armadillo, el Ciempiés y los Zancos. Hacían muchos prodigios. Quemaban las casas como si realmente hubieran ardido, [y] después al instante renacían. Numerosos Xibalbá asistieron [a ese espectáculo]. En seguida se sacrificaban, uno [de ellos] sacrificado al otro, [y] después el primer matado se tendía muerto, pero inmediatamente su rostro revivía. Los Xibalbá asistían [al espectáculo] de todo lo que ellos hacían. Era el comienzo de su triunfo sobre Xibalbá. En seguida el relato de sus danzas llegó a las orejas de los jefes Supremo Muerto, Principal Muerto, los cuales dijeron al escucharlo: "¿Esos dos pobres son verdaderamente tan divertidos?" "Ciertamente bello es lo que danzan y todo lo que hacen", contestó el que había contado a los jefes lo que se ha dicho. Tentados por lo divertido de lo que escuchaban, éstos enviaron a los [bailarines] sus mensajeros. "Que vengan para que asistamos a lo que hacen, que nos maravillemos, que contemplemos [el espectáculo]", [les] fue dicho a los mensajeros. "Decidles eso", [les] dijeron a los mensajeros. Éstos, al llegar junto a los bailarines, les dijeron las palabras de los jefes. "No, no queremos, pues verdaderamente tendríamos vergüenza. ¿No la tendríamos de subir a la mansión de los jefes, a causa de nuestras feas caras, de nuestros grandísimos ojos de pobres? ¿No se ha visto que solamente bailamos? ¿Qué dirían nuestros compañeros de miseria que están allí deseando también participar en nuestras danzas y en ellas vivificar sus rostros? No obraremos así con los jefes. ¡No queremos, pues, oh mensajeros!", dijeron Maestro Mago y Brujito. Excusándose, doliente el rostro, fueron, enfadados, atormentados, sin querer ir de prisa, y numerosas veces los mensajeros los trataron con violencia, los golpearon, para llevarlos ante los jefes. Llegaron así ante los jefes, se humillaron, bajaron sus rostros al entrar, se humillaron, se inclinaron, presentando un aspecto lastimoso al entrar, unos verdaderos rostros de pobres. Entonces se les interrogó sobre sus comarcas, sus tribus; se les interrogó sobre sus madres, sus padres. "¿De quiénes venís?", se [les] dijo. "¡No sabemos, oh jefes! No conocimos los rostros de nuestras madres, nuestros padres; éramos pequeños cuando murieron", respondieron, sin hablar más. "Muy bien. Hacednos admiraros; lo que queráis; os daremos vuestro pago", se les dijo. "No queremos nada. En verdad tenemos miedo", respondieron a los jefes. "No tengáis miedo ni vergüenza. Danzad ahora. Ejecutad primero la danza en la que os sacrificáis. Quemad mi casa. Haced todo lo que sabéis. Que veamos todo lo que hacéis, es lo que nuestros corazones desean. Partiréis en seguida, ¡oh pobres! Y os daremos vuestro pago", se les dijo. Cuando ellos comenzaron sus cantos, sus danzas, todos los Xibalbá vinieron de inmediato para asistir a todo. Al instante danzaron. Danzaron la Comadreja, danzaron el Búho, danzaron el Armadillo. El jefe les dijo: "Sacrificad a este perro mío, y después que por vosotros reviva su faz". Así [les] dijo. "Sea", contestaron. Sacrificaron al perro, [y después] revivificaron su faz; ciertamente el perro se regocijó cuando revivió su faz, y así hizo danzar su cola. En seguida el jefe les dijo: "Ahora quemad mi casa". Entonces quemaron la casa del jefe; todos los jefes estaban tendidos en la mansión sin arder. Inmediatamente después devolvieron buena [la casa]; un instante sólo había sido destruida la casa de Supremo Muerto. Todos los jefes estaban maravillados, se regocijaban mucho de la danza. Entonces [les] fue dicho por el jefe: "Ahora matad a un hombre, sacrificadle, sin que muera". "Muy bien", contestaron. Entonces asieron a un hombre, lo sacrificaron, arrancaron su corazón y, elevándolo, lo pusieron ante los jefes. Supremo Muerto. Principal Muerto, se asombraron, pero inmediatamente después revivió por [los bailarines] el rostro de aquel hombre: su corazón se alegró grandemente. Los jefes se maravillaron: "Ahora sacrificaos vosotros mismos; nuestro corazón desea realmente ver eso, esa danza vuestra", [les] dijeron los jefes. "Muy bien, oh jefes", [les] fue respondido. Se sacrificaron pronto el uno al otro. He aquí que Joven Maestro Mago fue sacrificado por Brujito; sucesivamente fueron desprendidas sus piernas, sus brazos; su cabeza [fue] separada y llevada lejos; su corazón, arrancado, fue colocado ante todos los jefes de Xibalbá. quienes giraban embriagados. Asistían a esto: Brujito, danzando. "Levántate", dijo él en seguida, y revivificó el rostro [de su hermano]. Se regocijaron grandemente. Lo mismo lo hicieron los jefes, pues lo que se hacía regocijaba los corazones de Supremo Muerto, principal Muerto, quienes lo sentían como si hubiesen danzado ellos mismos. En fin, en el ardiente deseo, la curiosidad, de los corazones de los jefes por la danza de Maestro Mago y Brujito, estas palabras fueron dichas por Supremo Muerto. Principal Muerto: "Haced [lo mismo] con nosotros, sacrificadnos"; [así] dijeron Supremo Muerto, Principal Muerto, a Joven Maestro Mago y Brujito. "Muy bien. Vuestros corazones revivirán. ¿La muerte existe para vosotros? Debemos regocijarnos, oh jefes, de vuestros hijos, de vuestros engendrados", fue respondido a los jefes. He aquí que sacrificaron primero al jefe supremo llamado Supremo Muerto, jefe de Xibalbá. Habiendo muerto Supremo Muerto, se apoderaron de Principal Muerto [y lo inmolaron] sin hacer revivir su rostro. Entonces viendo a sus jefes muertos, los Xibalbá huyeron. En un instante estaban abiertos, de dos en dos en castigo a sus rostros. En un instante ocurrió la muerte de un jefe, pero no se revivificaba su rostro. He aquí que un jefe se humilló, se presentó ante los bailarines, sin haber sido encontrado, ni alcanzado. "Tened piedad de mi rostro", dijo cuando se le reconoció. Todos sus hijos, su prole, fueron a un gran barranco, llenando de un solo bloque el gran abismo. Allí estaban amontonados cuando innumerables hormigas se mostraron, y les expulsaron del barranco. Conducidos entonces por el camino, al llegar se humillaron, se entregaron todos; se humillaron al presentarse. Así fue vencido el gobierno de Xibalbá; sólo los prodigios de los engendrados, sólo sus metamorfosis, consiguieron esto.

24

Pronto anunciaron sus nombres, se exaltaron a la faz de todo Xibalbá. "Escuchad nuestros nombres. Os diremos también los nombres de nuestros padres. Henos aquí nosotros: Joven Maestro Mago y Brujito, [son] nuestros nombres. He aquí a nuestros padres, que vosotros matasteis: Supremo Maestro Mago, Principal Maestro Mago, [son] sus nombres. Henos aquí los vengadores de los tormentos, de los dolores, de nuestros padres. Nosotros sufrimos también todos los males que les infligisteis. Por tanto os aniquilaremos. Nosotros, nosotros os mataremos sin que os salvéis", fue anunciado. En seguida todo Xibalbá se prosternó, gimiendo. "Tened piedad de nuestros rostros, oh Maestro Mago, oh Brujito. Ciertamente, pecamos contra vuestros padres a los que nombráis y que están enterrados en el Juego de Pelota de los Sacrificios", dijo [Xibalbá]. "Muy bien. He aquí nuestra Palabra que decimos sobre vosotros. Escuchad todos, oh Xibalbá. Puesto que ya no es grande vuestra gloria, [puesto] que vuestra potencia ya no existe, y aunque sin gran derecho a la piedad, vuestra sangre dominará todavía algo, pero no vuestra sangre de Drago en el juego de pelota. No [tendréis] más que tejas, marmitas, cacharros, el desgranamiento del maíz. Vuestro juego de pelota no será más que el hijo de las hierbas, el hijo del desierto. Todos los hijos del alba, la prole del alba, no serán de vosotros; sólo los grandes habladores se abandonarán a vosotros. Los del Mal, Los de la Guerra, Los de la Tristeza, Los de la Miseria, vosotros que hicisteis el mal, lloradle. Ya no se agarrará a todos los hombres de repente como vosotros lo hacíais. Tened cuidado con la pelota del Drago"; así fue anunciado a todos los Xibalbá. Éste fue en seguida el comienzo de su pérdida, de su destrucción, así como de su invocación. En otro tiempo su gloria no era grande, pero ellos deseaban la guerra a los hombres. [Fueron] realmente dioses antaño; pero sus espantosos rostros eran perversos. Los de la Enemistad. Los de los Búhos, no excitaban más que al mal, más que a la guerra. Así, eran disimulados de corazón, negros, blancos envidiosos, opresores, se contaba. También se pintaban los rostros, se frotaban con colores. Su grandeza, su potencia, fueron perdidas: su dominación ya no fue grande. Esto fue hecho por Joven Maestro Mago y Brujito. Sin embargo, la abuela de éstos gemía, lloraba ante las cañas que ellos habían plantado. Aquellas cañas habían fructificado, [y] después se habían secado; las cañas habían fructificado de nuevo después de que [los engendrados] habían sido quemados en el horno semisubterráneo. Entonces, en memoria de ellos, la abuela encendió, quemó copal ante las cañas. El corazón de la abuela se regocijó cuando las cañas echaron brotes por segunda vez. Entonces éstas fueron divinizadas por la abuela quien las llamó Centro de la Mansión, y Cañas Vivas en Tierra Allanada. Centro, porque aquellas cañas habían sido plantadas en el centro de lo casa. Ella llamó Tierra Allanada, Cañas Vivas [en] Tierra Allanada, a las cañas que [los engendrados] habían plantado. Fueron llamadas Cañas Vivas aquellas cañas, porque habían echado yemas; ese nombre le fue dado por Antigua Ocultadora a lo que Maestro Mago y Brujo habían dejado plantado a su abuela en recuerdo de ellos. He aquí primeramente a sus padres que habían muerto en otro tiempo: Supremo Maestro Mago, Principal Maestro Mago. [Los engendrados] vieron también allá en Xibalbá los rostros de sus padres; los padres hablaron a sus Sustitutos, quienes habían vencido a Xibalbá. Hubo pues funerales de sus padres [hechos] por ellos. Se hicieron los funerales de Principal Maestro Mago, en el Juego de Pelota de los Sacrificios. Para ello se quiso rememorar su rostro; se buscó, pues, allá su nombre, todo, su boca, su nariz, sus huesos, su rostro. Se consiguió primero su nombre, sin apenas más; él no quiso decir más que eso, sin pronunciar el nombre de los Maestros Magos; su boca no quiso decir más que eso. He aquí además que ensalzaron el espíritu de sus padres a los que dejaban en el Juego de Pelota de los Sacrificios. "Sed invocados en adelante", les dijeron los engendrados a fin de reposar sus corazones. "Los primeros iréis, los primeros también seréis glorificados por los hijos del alba, la prole del alba. Vuestro nombre no se extinguirá. Que así sea", dijeron a sus padres, a fin de reposar sus espíritus. "Somos los vengadores de vuestra muerte, de los tormentos que se os hizo [sufrir]". Así se lo ordenaron a los que ellos habían vencido, a todo Xibalbá. Se elevaron en seguida por aquí, en medio de la luz; subieron de repente a los cielos. Y el uno fue el sol, el otro la luna, e iluminaron la bóveda del cielo, la faz de la tierra. Habitan en los cielos. Entonces también subieron [a los cielos] los cuatrocientos jóvenes muertos por Sabio Pez-Tierra. He aquí que éstos los acompañaron a los cielos y en ellos se volvieron estrellas.

25

He aquí el comienzo de cuándo se celebró consejo acerca del hombre, [de] cuándo se buscó lo que entraría en la carne del hombre. Los llamados Procreadores, Engendradores, Constructores, Formadores. Dominadores poderosos del Cielo, hablaron así: "Ya el alba se extiende, la construcción se acaba. He aquí que se vuelve visible el sostén, el nutridor el hijo del alba, el engendrado del alba. He aquí que se ve al hombre, a la humanidad, en la superficie de la tierra", [así] dijeron. Se congregaron, llegaron, vinieron a celebrar consejo en las tinieblas, en la noche. Entonces aquí buscaron, discutieron, meditaron, deliberaron. Así vinieron, a celebrar Consejo sobre la aparición del alba: consiguieron, encontraron, lo que [debía] entrar en la carne del hombre. Ahora bien, poco [faltaba] para que se manifestasen el sol, la luna, las estrellas; encima, los Constructores, los Formadores. En Casas sobre Pirámides, en Mansión de los Peces, así llamadas, nacían las mazorcas amarillas, las mazorcas blancas. He aquí los nombres de los animales que trajeron el alimento: Zorro. Coyote, Cotorra. Cuervo, los cuatro animales anunciadores de la noticia de las mazorcas amarillas, de las mazorcas blancas nacidas en Casas sobre Pirámides, y del camino de Casas sobre Pirámides. He aquí que se lograba al fin la sustancia que debía entrar en la carne del hombre construido, del hombre formado: esto fue su sangre: esto se volvió la sangre del hombre: esta mazorca entró en fin [en el hombre] por los Procreadores, los Engendradores. Se alegraron, pues, de haber llegado al país excelente, lleno de cosas sabrosas; muchas mazorcas amarillas, mazorcas blancas; mucho cacao [moneda], cacao [fino]; innumerables los zapotillos rojos, las anonas, las frutas, los frijoles del padre, los zapotes matasanos, la miel [silvestre]; muchos exquisitos alimentos [había] en aquella ciudad llamada Casas sobre Pirámides [cerca de la] Mansión de los Peces. Subsistencias de todas clases, pequeñas y grandes subsistencias, pequeñas sementeras y grandes sementeras, [de todo esto] fue enseñado el camino por los animales. Entonces fueron molidos el maíz amarillo, el maíz blanco, y la Antigua Ocultadora hizo nueve bebidas. El alimento se introdujo [en la carne], hizo nacer la gordura, la grasa, se volvió la esencia de los brazos, de los músculos del ser humano. Así hicieron los Procreadores, los Engendradores, los Dominadores, los Poderosos del Cielo, como se dice. Inmediatamente fue [pronunciada] la Palabra de Construcción, de Formación de nuestras primeras madres, [primeros] padres; solamente mazorcas amarillas, mazorcas blancas, [entró en] su carne: única alimentación de las piernas, de sus brazos. Tales fueron nuestros primeros padres, [tales] fueron los cuatro hombres construidos: ese único alimento [entró] en su carne.

26

He aquí los nombres de los primeros hombres que fueron construidos, que fueron formados. He aquí el primer hombre: Brujo del Envoltorio; el segundo: Brujo Nocturno; después, el tercero: Guarda-Botín; y el cuarto: Brujo Lunar. Solamente construidos, solamente formados; no tuvieron madres, no tuvieron padres; nosotros les llamamos simplemente Varones. Sin [la mujer] fueron procreados, sin [la] mujer fueron engendrados, por Los de lo Construido, Los de lo Formado, los Procreadores, los Engendradores. Sólo por Poder [Mágico], sólo por Ciencia [Mágica], [fue] su construcción, su formación, por los Constructores, los Formadores, los Procreadores, los Engendradores, los Dominadores, los Poderosos del Cielo. Entonces tuvieron apariencia humana, y hombres fueron; hablaron, dijeron, vieron, oyeron, anduvieron, asieron: hombres buenos, hermosos; su apariencia; rostros de Varones. La memoria fue, existió. Vieron; al instante su mirada se elevó. Todo lo vieron, conocieron todo el mundo entero; cuando miraban, en el mismo instante su vista miraba alrededor, lo veía todo, en la bóveda del Cielo, en la superficie de la Tierra. Veían todo lo escondido sin necesidad de moverse. Cuando miraban el mundo veían, igualmente, todo lo que existe en él. Grandes eran sus conocimientos. Su pensamiento iba más allá de la madera, la piedra, los lagos, los mares, los montes, los valles. En verdad, hombres a los que [se les debía] amar: Brujo del Envoltorio, Brujo Nocturno, Guarda-Botín, Brujo Lunar. Fueron entonces interrogados por Los de la Construcción, Los de la Formación. "¿Qué pensáis de vuestro ser? ¿No veis? ¿No oís? Vuestro lenguaje, vuestro andar, ¿no son buenos? Mirad pues y ved el mundo, si no aparecen los montes, los valles: ved para instruiros", se les dijo. Vieron en seguida el mundo entero, y después dieron gracias a los Constructores, a Los Formadores. "Verdaderamente dos veces gracias, tres veces gracias. Nacimos, una boca, tuvimos una cara, hablamos, oímos, meditamos, nos movemos: bien sabemos, conocemos lejos, cerca. Vemos lo grande, lo pequeño, en el Cielo, en la Tierra. ¡Gracias [damos] a vosotros! Nacimos, oh Los de lo Construido, Los de lo Formado: existimos, oh abuela nuestra, oh abuelo nuestro", dijeron, dando gracias de su construcción, de su formación. Acabaron de conocerlo todo, de mirar a las cuatro esquinas, a los cuatro ángulos, en el cielo, en la tierra. Los de lo Construido. Los de lo Formado, no escucharon esto con placer. "No está bien lo que dicen nuestros construidos, nuestros formados. Lo conocen todo, lo grande, lo pequeño", dijeron. Por lo tanto, celebraron consejo Los Procreadores, los Engendradores. "¿Cómo obraremos ahora para con ellos? ¡Que sus miradas no alcancen sino poca distancia! ¡Que no vean más que un poco de la faz de la Tierra! ¡No está bien lo que dicen. ¿No se llaman solamente Construidos, Formados? Serán como dioses, si no engendran, [si] no se propagan, cuando se haga la germinación, cuando exista el alba; solos, no se multiplicarán. Que eso sea. Solamente deshagamos un poco lo que quisimos que fuesen: no está bien lo que hicimos, ¿Se igualarían a aquellos que los han hecho, a aquellos cuya ciencia se extiende a lo lejos, a aquellos que todo lo ven?", fue manifestado por los Espíritus del Cielo, Maestro Gigante [Relámpago], Huella del Relámpago, Esplendor del Relámpago, Dominadores. Poderosos del Cielo. Procreadores. Engendradores. Antiguo Secreto, Antigua Ocultadora, Constructora, Formadores. Así hablaron cuando rehicieron el ser de su construcción, de su formación. Entonces fueron petrificados los ojos [de los cuatro] por los Espíritus del cielo, lo que los veló como el aliento sobre la faz de un espejo; los ojos se turbaron; no vieron más que lo cercano, esto sólo fue claro. Así fue perdida la Sabiduría y toda la Ciencia de los cuatro hombres, su principio, su comienzo. Así primeramente fueron construidos, fueron formados, nuestros abuelos, nuestros padres, por los Espíritus del Cielo, los Espíritus de la Tierra. Entonces existieron también sus esposas, vivieron sus mujeres. Los dioses celebraron consejo. Así, durante su sueño, [los cuatro] recibieron mujeres ciertamente hermosas, quienes existieron con Brujo del Envoltorio, Brujo Nocturno. Guarda-Botín, Brujo Lunar. Cuando se despertaron, sus mujeres existieron: sus corazones se regocijaron al instante debido a sus esposas.

27

He aquí los nombres de sus mujeres: [La de] la Blanca Mansión del Mar, nombre de la mujer de Brujo del Envoltorio; [La de] la Mansión de las Langostas, nombre de la mujer de Brujo Nocturno; [La de] la Mansión de los

Colibríes, nombre de la mujer de Guarda-Botín: [La de] la Mansión de los Guacamayos, nombre de la mujer de Brujo Lunar. Tales son los nombres de sus mujeres: éstas fueron jefes. Ellos engendraron a los hombres, a las tribus pequeñas y a las tribus grandes. Ellos fueron; nuestro tronco, de nosotros los hombres quichés. Numerosos fueron también Los de las Espinas, Los del Sacrificio, quienes no fueron más que cuatro pero esos cuatro solos [fueron] nuestros padres, de nosotros los quichés. Diversos [son] los nombres de cada uno de los que ellos engendraron allá lejos, en el Este. De sus nombres vinieron [los] de los hombres de Tepeu, Oloman, Cohah, Quenech, Ahau, como se llamaban estos hombres allá lejos, en Oriente, donde ellos engendraron. Se sabe también el comienzo de los de Tam, de los de Iloc. Juntos vinieron de allá, lejos, del Este. Brujo del Envoltorio, abuelo, padre de las nueve Grandes Mansiones, de los Cavek. Brujo Nocturno, abuelo, padre de las nueve Grandes Mansiones de los Niha. Guarda-Botín, abuelo, padre de las cuatro Grandes Mansiones de los Ahau-Quiché. No [están] perdidos los nombres de sus abuelos, sus padres, quienes engendraron, se desarrollaron allá lejos, en Oriente. Vinieron también los Tam, los Iloc, con las trece ramas de tribus, las trece Aglomeraciones, con los Rabinal, los Cackchiquel, los de Tziquinaha; después los Zacaha; en seguida los Lamak, Cumatz, Tuhalha, Unabaha, Los de Chumilaha, con Los de Quiba-ha, Los de Batenaba-ha, los Hombres de Acul, Balami-ha, los Canchahel, los Balam-Col. Únicamente son las grandes tribus, las ramas de tribus, las que decimos: no contamos más que a las grandes. Muchas otras completaban [la población] en cada fracción de la ciudad; no hemos escrito sus nombres, sino solamente [los de] las engendradas allá lejos, en Oriente. Muchos hombres fueron; en la obscuridad se multiplicaron; cuando se multiplicaron, el día, el alba, no habían sido dados a luz; todos juntos existían; importantes eran sus seres, sus renombres, allá lejos, en Oriente. No eran sostenes, protectores, pero hacia el cielo erguían sus rostros. No conocían lo que habían venido a hacer tan lejos. Allá existían numerosos hombres de las tinieblas, hombres del alba. Numerosos [eran] los rostros de los hombres, numerosos los lenguajes de los hombres; dos [solamente] sus orejas. "Hay linajes en el mundo, hay regiones, en las que no se ve el rostro de los hombres; [estos] no tienen casas, sino que recorren, como locos, las montañas pequeñas y las montañas grandes", se manifestaba entonces, ultrajando a los hombres de aquellos países. Así dijeron ellos allá lejos, cuando vieron salir el sol. Todos no tenían [entonces] más que una lengua; no invocaban a la madera, a la piedra; en ellos subsistía el recuerdo de la Palabra de Construcción, de Formación, de Los Espíritus del Cielo, de los Espíritus de la Tierra. Hablaban meditando sobre lo que escondía el alba; preguntaban cómo ejecutar la Palabra de amor, aquellos amantes, aquellos obedientes, aquellos respetuosos; erguían después sus rostros hacia el cielo, pidiéndole sus hijas, sus hijos. "¡Salve, oh Constructores, oh Formadores! Vosotros veis, vosotros escucháis. Vosotros. ¡No nos abandonéis, no nos dejéis, oh dioses, en el cielo, en la tierra, Espíritus del Cielo, Espíritus de la Tierra! Dadnos nuestra descendencia, nuestra posteridad, mientras haya días, mientras haya albas. Que la germinación se haga, que el alba se haga. Que múltiples sean los verdes caminos, las verdes sendas que nos dais. Que sosegadas, muy sosegadas, estén las tribus. Que perfectas, muy perfectas, sean las tribus. Que perfecta sea la vida, la existencia que nos dais, ¡oh Maestro Gigante [Relámpago], Huella del Relámpago, Esplendor del Relámpago. Huella del Muy Sabio, Esplendor del Muy Sabio, Gavilán, Maestros Magos, Dominadores, Poderosos del Cielo, Procreadores, Engendradores, Antiguo Secreto,

Antigua Ocultadora, Abuela del Día, Abuela del Alba! Que la germinación se produzca, que el alba nazca". Así se referían cuando miraban, cuando oraban por el regreso del alba, allá en donde el sol se levanta, contemplando a Luna-Sol gran estrella que antes de la salida del sol ilumina en el cielo, sobre la tierra, el camino de los hombres construidos, de los hombres formados.

28

Brujo del Envoltorio, Brujo Nocturno. Guarda-Botín, Brujo Lunar, dijeron: "Esperemos que [nazca] el alba". Así se expresaron aquellos grandes Sabios. Los de las Espinas, aquellos obedientes, como se les menciona. No había ni madera ni piedra para guardar a nuestras primeras madres, [nuestros primeros] padres. Sin embargo, sus corazones se cansaban de esperar el día. Numerosas eran ya todas las tribus, con los hombres Yaqui. Los de las Espinas. Los del Sacrificio. "Vamos a buscar, vamos a ver, adonde guardar nuestros signos: si tenemos esto podremos encender [fuego] ante [ellos]. Desde [hace] largo tiempo que estamos aquí no hay guardianes para nosotros". Así dijeron Brujo del Envoltorio. Brujo Nocturno, Guarda-Botín. Brujo Lunar. Oyeron hablar de una ciudad, [y] partieron. He aquí los nombres de los lugares adonde fueron Brujo del Envoltorio. Brujo Nocturno, Guarda-Botín, Brujo Lunar, con los Tam, los Iloc. Lugar de la Abundancia-Barranco-Siete Grutas-Siete Barrancos, [es el] nombre de la ciudad adonde fueron a tomar dioses. Todos llegaron allá lejos, a Lugar de la Abundancia; incontables [eran] los hombres que llegaron: numerosos los que entraron en orden. Se les entregaron sus dioses. Los primeros, [fueron] los de Brujo del Envoltorio. Brujo Nocturno, Guarda-Botín,

Brujo Lunar, quienes se regocijaron. "He aquí que hemos encontrado al fin lo que se buscaba" manifestaron. He aquí el primero que salió: Pluvioso, nombre del dios. Se suspendió su cesta que se amarró Brujo del Envoltorio. En seguida salió Sembrador, nombre del dios que descendió Brujo Nocturno. En seguida Volcán nombre del dios que recibió Guarda-Botín. Centro de la Llanura, nombre del dios que recibió Brujo Lunar. En compañía de los hombres Quiché, los de Tam recibieron: igualmente. Pluvioso de los Tam es el nombre del dios que recibió el abuelo, el padre, de los jefes de los Tam que conocemos ahora. En fin de Iloc el tercero: Pluvioso [fue] también el nombre del dios que recibieron los abuelos, los padres de los jefes que conocemos ahora. Tales son los nombres de los tres Quichés; no se separaron, pues único era el nombre del dios: Pluvioso entre los Quichés. Pluvioso entre los Tam. Pluvioso entre los Iloc: único [era] el nombre del dios, y estos tres Quichés no se separaron. Ciertamente grande era la naturaleza de aquellos tres: Pluvioso. Sembrador. Volcán. Entonces se reunieron todas las tribus, los Rabinal, los Cakchequel, los de Tziquinaha, con los hombres llamados ahora Yaquí. Allí se cambió el lenguaje de las tribus, se diversificó la lengua. Ya no se entendieron claramente las unas a las otras cuando vinieron de Lugar de la Abundancia: allá se separaron: hubo algunas que fueron al Este: muchas vinieron aquí. Solamente unas pieles [eran] sus vestidos: no tenían telas acabadas para [hacer] vestidos, sino que se cubrían con las pieles de las bestias. Aquellos pobres no tenían suyo más que su naturaleza de hombres Sabios. Cuando llegaron a Lugar de la Abundancia-Barranco-Siete Grutas-Siete-Barrancos, se menciona en el relato de antaño, habían caminado mucho.

29

No había fuego. Solos estaban allá los de Pluvioso. Éste [era] el dios de las tribus. Del primero, que hizo nacer el fuego, este nacimiento no se constata, pues el fuego llameaba ya cuando lo vieron Brujo del Envoltorio y Brujo Nocturno. "¡Ay! Ya no hay nuestro fuego que había sido hecho; nos morimos de frío", dijeron pronto. Entonces Pluvioso respondió: "No os aflijáis. Vuestro es el fuego perdido del cual habláis"; [así] les respondió Pluvioso. "¡Verdaderamente, oh dios, oh sostén nuestro, oh protector nuestro, oh dios nuestro!", dijeron, dándole gracias. Pluvioso habló. "Muy bien. En verdad, yo soy vuestro dios; que así sea. Yo vuestro jefe; que así sea", fue dicho por Pluvioso a Los de las Espinas. Los del Sacrificio. Así las tribus se calentaron y alegraron a causa del fuego. Entonces comenzó un gran aguacero, allá adonde brillaba el fuego de las tribus; mucho granizo menudo cayó sobre la cabeza de todas las tribus; y el fuego fue apagado por el granizo; no hubo ya fuego hecho. Entonces Brujo del Envoltorio, Brujo Nocturno, pidieron otra vez su fuego. "¡Oh Pluvioso, en verdad morimos de frío!", dijeron a Pluvioso. "¡Bien! No os aflijáis", dijo Pluvioso. Pronto produjo fuego sacando fuego [por fricción] de sus sandalias. Entonces Brujo del Envoltorio. Brujo Nocturno. Guarda-Botín, Brujo Lunar, se alegraron y después se calentaron. He aquí que, también se había apagado el fuego de las tribus; éstas se morían de frío; también fueron a pedir fuego a Brujo del Envoltorio, Brujo Nocturno, Guarda Botín y Brujo Lunar. Intolerables [eran] sus padecimientos por el frío, la helada; sólo se caían de frío, se entumecían; ninguna vida en ellas; se debilitaban; sus piernas, sus brazos, se torcían; no podían asir [nada] cuando llegaron. "No nos avergoncéis si os pedimos que nos deis un poco de vuestro fuego", dijeron al llegar. No se fue a [su] encuentro; entonces en sus corazones lloraron las tribus. Diferente [del suyo] era el lenguaje de Brujo del Envoltorio, Brujo Nocturno, Guarda-Botín, Brujo Lunar. "¡Ay! ¡Oh! Abandonamos nuestra lengua. ¿Cómo hicimos? Nos hemos extraviado. ¿En dónde nos engañamos? Único era nuestro lenguaje cuando vinimos de Lugar de la Abundancia; única nuestra manera de sostener [el culto], nuestra manera de vivir. No es conforme nuestro proceder", repitieron todas las tribus, bajo los árboles, bajo los bejucos. Entonces un hombre se mostró a la faz de Brujo del Envoltorio, Brujo Nocturno. Guarda-Botín, Brujo Lunar. Aquel mensajero de Xibalbá les dijo: "En verdad, he aquí a vuestro dios, he aquí a vuestro sostén, he aquí al sustituto, al recuerdo, de vuestros Constructores, de vuestros Formadores. No deis su fuego a las tribus hasta que éstas den a Pluvioso, vuestro jefe, lo que ellas deben daros, Preguntad pues a Pluvioso lo que ellas deben darle para coger fuego"; [así] dijo aquel Xibalbá. Su ser era como el ser de un murciélago. "Yo soy el mensajero de vuestros Constructores, de vuestros Formadores", añadió el Xibalbá. Entonces ellos se regocijaron; en su espíritu crecieron Pluvioso, Sembrador. Volcán, cuando habló aquel Xibalbá. De pronto éste desapareció de delante de sus rostros, sin marcharse. Entonces llegaron las tribus que perecían de frío: mucho granizo, obscuridad, lluvia, helada; incalculable el frío. Ahora, pues, todas las tribus se encontraron, tartamudeantes de frío, al llegar allá adonde estaban Brujo del Envoltorio. Brujo Nocturno. Guarda-Botín. Brujo Lunar. Grande [era] la aflicción de sus corazones: tristes [estaban] sus bocas, tristes sus rostros. En seguida [las tribus] llegaron en secreto ante los rostros de Brujo del Envoltorio. Brujo Nocturno. Guarda Botín, Brujo Lunar. "¿No tendréis piedad de nuestros rostros, de nosotros que no os pedimos más que un poco de vuestro fuego? ¿No se ha encontrado una sola casa para nosotros, un solo país para nosotros, cuando fuisteis construidos, cuando fuisteis formados? Tened compasión de nuestros rostros", dijeron. "¿Qué nos daréis para que tengamos compasión de vuestros rostros?", le dijeron. "Pues bien, os daremos metales preciosos", respondieron las tribus. "No tenemos metales preciosos", dijeron Brujo del Envoltorio. Brujo Nocturno. "¿Qué queréis?" "Pronto os lo pediremos". "Bien", respondieron las tribus. "Vamos a preguntárselo a Pluvioso, y después os lo diremos", se les respondió. "¡Oh Pluvioso! ¿Qué darán las tribus que vienen a pedir tu fuego?", dijeron entonces Brujo del Envoltorio. Brujo Nocturno. Guarda-Botín, Brujo Lunar. "Pues bien, ¿querrán ellas estar unidas [a mí] bajo su horcajadura bajo su axila? ¿Quieren sus corazones que yo las abrace, yo. Pluvioso? Si ellas no lo quieren, no les daré fuego" dijo Pluvioso. "Decídselo lentamente. "Yo no quiero desde ahora su unión bajo su horcajadura, bajo su axila", dijo él, "diréis". Así fue dicho a Brujo del Envoltorio, Brujo Nocturno. Guarda-Botín. Brujo Lunar. Entonces ellos dijeron la Palabra de Pluvioso. "Muy bien. Bien [está], igualmente, que lo abracemos", contestaron [las tribus] cuando oyeron, recibieron, la Palabra de Pluvioso. No tardaron. "Muy aprisa", dijeron: entonces recibieron el fuego, y después se calentaron.

30

Pero, una parte [de las tribus] sacó [por fricción] el fuego de la madera. Serpiente de la Fertilidad de la Mansión de los Murciélagos, [era el] nombre de la divinidad de los Cackchequel: su imagen: tan sólo un murciélago. Cuando consiguieron la madera [friccionable] la frotaron [todos] juntos hasta que el fuego hubo brotado. Los Cakchequel no pidieron luego, no se dieron por sojuzgados. Todas las demás tribus se sometieron cuando dieron la parte inferior de su horcajadura, la parte inferior de su axila, para ser abierta; ésa era la abertura de la cual había hablado Pluvioso; entonces se sacrificó a todas las tribus ante su rostro, entonces se arrancó el corazón por la horcajadura, por la axila. No se había enseñado esta todavía operación antes de que lo fuese por un oráculo de Pluvioso. Murieron por la fuerza, [por] la dominación de Brujo del Envoltorio. Brujo Nocturno. Guarda-Botín. Brujo Lunar. De Lugar de la Abundancia-Barranco se había tomado la costumbre de no comer. Guardaban ayuno perpetuo; pero escudriñaban el alba, espiaban la salida del sol, se alternaban para ver la gran estrella llamada Luna-Sol, la primera antes del sol cuando nace el día. La maravillosa Luna-Sol estaba siempre encima de sus rostros al salir el sol, cuando estaban en el llamado Lugar de la Abundancia-Barranco, de donde llegaron los dioses. No fue, pues, aquí en donde recibieron su fuerza, su poder; sino allá [fue en donde] se doblegó, se humilló a las tribus grandes, a las tribus pequeñas, cuando se las sacrificó ante Pluvioso, cuando se le dio a éste la sangre, la savia, la horcajadura, la axila, de todos aquellos hombres. Por eso en Lugar de la Abundancia [les] llegaron la fuerza, la gran ciencia que hubo en ellos, en la obscuridad, en la noche, y [que hubo también] en lo que ellos hicieron. Vinieron pues, se desprendieron de allá adonde dejaron el sol levante. "No [es] aquí nuestra casa. Vamos a ver adonde la plantaremos", dijo entonces Pluvioso. En verdad, habló a Brujo del Envoltorio, Brujo Nocturno, Guarda-Botín, Brujo Lunar. "Ante todo dad gracias. En seguida sangrad vuestras orejas, picad vuestros codos, sacrificaos; tal será vuestra acción de gracias a la faz de los dioses". "Muy bien", respondieron, sangrándose las orejas. En seguida comenzaron su canto de su venida de Lugar de la Abundancia; sus corazones lloraron cuando vinieron, cuando se desterraron de Lugar de la Abundancia, abandonándolo. "¡Ah! No veremos aquí el alba, el nacimiento del día, cuando se alumbre la superficie de la tierra", dijeron. Partieron, pero dejaron [gente] en el camino; hubo hombres dejados allá dormidos. Cada tribu se levantaba siempre para ver la estrella señal del día. Esta señal del alba estaba en sus corazones cuando vinieron del Oriente, y con rostro igual fueron a una gran distancia de allí, se nos dice ahora.

31

Entonces llegaron a la cima de una montaña. Allí se reunieron todos los hombres Quiché con las tribus. Allí se reunieron, se consultaron, y el nombre de la montaña es ahora De la Consulta. Se congregaron en ella para gloriarse. "Yo, yo hombre Quiché". "Tú, tú, Tam es tu nombre", díjose a los Tam. Se dijo después a los Iloc: "Tú Iloc es tu nombre". "Estas tres [fracciones] Quiché no se perderán, y nuestras Palabras serán iguales", dijeron al aplicarse sus nombres. Entonces se les puso nombre también a los Cackchequel: "Fuego salido de la madera" es su nombre. Los Rabinal tuvieron también su nombre, no perdido ahora. También estaban Los de Tziquina-ha, nombre actual. Tales son los nombres con los cuales se llamaron unos a otros. Allí se congregaron, esperando el alba, acechando la salida de la estrella, la primera antes de que nazca el día. "De allá lejos vinimos, pero nos separamos", se decían entre sí. He aquí que sus corazones estaban afligidos; grandes eran sus sufrimientos allá por donde pasaban; no había comestibles, no había subsistencias; olían solamente el tronco de sus bastones para imaginarse que comían, pues al venir no comieron. Su pasaje por mar no aparece; pasaron como si no hubiera habido mar, solamente sobre piedras pasaron, y aquellas piedras sobresalían en la arena. Entonces llamaron Piedras Arregladas-Arenas Arrancadas, nombre [dado] por ellos, al sitio por donde pasaron en el mar, habiéndose separado el agua allá por donde pasaron. He aquí que estando afligidos sus corazones, se consultaron entre sí, pues no había para alimento más que un bocado, un poco de maíz. Estaban amontonados allí en la montaña llamada De la Consulta. Llevaban también a Pluvioso. Sembrador. Volcán. Brujo del Envoltorio y su esposa llamada [La de] la Blanca Mansión del Mar hicieron un gran ayuno. Lo mismo hicieron Brujo Nocturno y su esposa [La de] la Mansión de las Langostas. Y Guarda-Botín y su esposa, [La de] la Mansión de los Colibríes, hicieron un gran ayuno. Lo mismo [hicieron] Brujo Lunar y su esposa [La de] la Mansión de los Guacamayos. Fueron ayunos en la obscuridad, en la noche. Grande [era] su tristeza cuando estaban en la montaña ahora llamada De la Consulta, en donde los dioses les hablaron de nuevo.

32

Entonces comunicó por Pluvioso. Sembrador. Volcán, a Brujo del Envoltorio. Brujo Nocturno. Guarda-Botín. Brujo Lunar: "Vámonos, levantémonos, no permanezcamos aquí: llevadnos a un escondrijo. Ya se extiende el alba. ¿No estarían tristes vuestros rostros si fuésemos cogidos por los guerreros en sus muros a causa de vosotros, o Los de las Espinas, Los de Sacrificio. Llevadnos a cada uno separadamente: [así] les dijeron cuando les hablaron. "Muy bien. Solamente saldremos [de aquí], solamente buscamos las selvas", fue respondido por todos. En seguida cada uno de ellos cargó con su dios. Entonces se colocó a Sembrador en el barranco llamado Barranco del Escondrijo. [así] llamado por ellos, en el gran barranco de la selva llamada ahora

"Con Sembrador", en donde lo dejaron: fue abandonado en el barranco por Brujo Nocturno. Orden del abandono: el primero dejado fue Volcán, sobre una gran Mansión Roja llamada ahora Volcán: allí existió también su ciudad en donde estaba el dios llamado Volcán. Guarda-Botín quedóse con su dios, el segundo dios que fue ocultado por ellos; Volcán no fue escondido en la selva sino en la montaña deshierbada Volcán. Entonces fue después Brujo del Envoltorio; llegó a una gran selva: Brujo del Envoltorio fue a esconder a Pluvioso: se llama ahora con el nombre de "Con Pluvioso" la montaña; entonces celebróse el escondrijo del barranco, el abrigo secreto de Pluvioso: muchas serpientes y muchos jaguares, víboras, [serpientes] cantíes, había allí en donde fue escondido por Los de las Espinas, Los del Sacrificio. Juntos estaban Brujo del Envoltorio, Brujo Nocturno, Guarda-Botín, Brujo Lunar. Juntos esperaban el alba en el monte llamado Volcán. No muy lejos estaban los dioses de Tam y de Iloc. Burgo de Tam, nombre del [lugar] en donde estaba el dios de los Tam; allí fue su alba. Burgo de Uquincat, nombre del sitio en donde fue el alba de los Iloc; no muy lejos del monte estaba el dios de los Iloc. Allí, todos los Rabinal, los Cakchequel, Los de Tziquina-ha, todas las tribus pequeñas, las tribus grandes, aguardaban juntas; juntas tuvieron su alba; juntas esperaron la salida de la gran estrella llamada Luna-Sol que sale la primera antes del día al alba, se decía. Juntos estaban allí Brujo del Envoltorio, Brujo Nocturno, Guarda-Botín, Brujo Lunar; no tenían ni sueño ni tranquilidad. Grandes [eran] los gemidos de sus corazones, de sus vientres, por el alba, la claridad. Allí también sus rostros tuvieron vergüenza; vino una gran aflicción, una gran angustia; fueron abatidos por el dolor. Allí habían llegado. "Sin alegría vinimos, ¡ay! Queríamos ver nacer el día. ¿Cómo hicimos? Único [era] nuestro rostro en nuestro país de donde nos hemos arrancado", decían cuando hablaban entre sí en la tristeza, en la angustia, en el sollozar de la voz. Sin aliviar sus padecimientos hablaban hasta el alba. "He aquí a los dioses sentados en los barrancos, en las selvas, sentados en los Ek, en los Atziak, en donde están sin que se les hayan dado cajas", decían. Ante todo, Pluvioso, Sembrador, Volcán. Grande [es] su gloria, grande es también su potencia, su pensamiento, sobre todos los dioses de las tribus. Importante [es] su Sabiduría, importantes [son] sus peregrinaciones, sus victorias en el frío, en el espanto de su ser, en el espíritu de las tribus. Su pensamiento reposaba a causa de Brujo del Envoltorio, Brujo Nocturno. Guarda-Botín, Brujo Lunar. [No había] ninguna fatiga en sus corazones por los dioses de los cuales se encargaron al venir de Lugar de la Abundancia-Barranco, allá lejos, en Oriente. Estaban pues allí, en la selva. "He aquí el alba En Lluvioso, En Sembrador, En Volcán", se dice ahora. He aquí que fueron hechos jefes, que tuvieron el alba, nuestros abuelos, nuestros padres. Contaremos el alba, la aparición del sol, de la luna y el esconderse de las estrellas.

33

He aquí, pues, el alba, la aparición del sol y después de la luna, de las estrellas. Brujo del Envoltorio, Brujo Nocturno, Guarda-Botín, Brujo Lunar, se regocijaron mucho cuando vieron a Luna-Sol; primero salió ella; [con] la faz iluminada, antes que el sol. Desenrollaron en seguida sus copales, venidos de allá lejos, del Oriente, pues servirse de ellos en seguida estaba en su espíritu. Los tres desenrollaron lo que ofrecían sus corazones. Copal de Mixtán, nombre del copal que llevaba Brujo del Envoltorio. Copal de Caviztán, nombre del copal que llevaba Brujo Nocturno. Divino Copal se llamaba el que llevaba Guarda-Botín. Estos tres eran sus copales; esto es lo que quemaron cuando llegaron danzando, allá en Oriente. Agradables [fueron] sus gritos cuando danzaron quemando copales preciosos. Pronto se lamentaron de no ver, de no contemplar, el nacimiento del día. Después, cuando salió el sol, los animales pequeños, los animales grandes, se alegraron; acabaron de levantarse en los caminos de las aguas, en los barrancos; se pusieron en las cimas de los montes, juntos sus rostros hacia donde sale el día. Allí rugieron el puma, el jaguar. El pájaro llamado Queletzú cantó el primero. En verdad todos los animales se alegraron. El águila, el zopilote blanco, los pájaros pequeños, y los grandes, batieron las alas. Ahora bien, Los de las Espinas, Los del Sacrificio, se habían arrodillado, se regocijaron grandemente con los de los Tam, de los Iloc, y de los Rabinal, de los Cakchequel, de Los de Tziquinaha, y de [los de] Tuhalha, Uchabah, Quibah, Los de Batenha, y de los Yaquí Dominadores; tantas tribus como ahora. Innumerables [eran] los hombres. El alba llegó sobre todas las tribus juntas. La faz de la tierra fue pronto secada por el sol. Semejante a un hombre [era] el sol cuando se mostró. Su faz ardiente secó la faz de la tierra. Antes de que saliera el sol, cenagosa, húmeda, [era] la superficie de la tierra; sin fuerza [era] su calor; solamente se mostró cuando nació; no permaneció sino como un espejo. "No es realmente el sol que se nos aparece ahora", dicen en sus historias. Inmediatamente después de esto se petrificaron Pluvioso. Sembrador, Volcán, y las divinidades Puma, Jaguar, Víbora, [Serpiente] Canti, Blanco Entrechocador; sus brazos se engancharon en las ramas de los árboles cuando se mostraron el sol, la luna, las estrellas; por doquiera todos se petrificaron. Quizá no estaríamos ahora desembarazados de la mordedura de los pumas, jaguares, víboras, [serpientes] cantíes, blancos entrechocadores, quizá ahora [estaríamos] sin nuestra gloria, si los primeros animales no hubieran sido petrificados por el sol. Cuando sucedió esto, gran alegría hubo en el corazón de Brujo del Envoltorio, Brujo Nocturno. Guarda-Botín, Brujo Lunar; estuvieron muy alegres cuando se efectuó el alba. Los hombres no [se habían] multiplicado entonces: no eran sino unos pocos cuando estaban en el monte Volcán, en donde se realizó el alba, y en donde quemaron [los copales]. Allí danzaron, [vueltos] hacia el Este de donde habían venido; allí [estaban] sus montañas, sus valles, los llamados Brujo del Envoltorio. Brujo Nocturno. Guarda-Botín, Brujo Lunar. Pero en la montaña se multiplicaron, ella se volvió su ciudad. Estaban aquí cuando se mostraron el sol, la luna, las estrellas; el alba, la iluminación, existió en la faz de la Tierra, del mundo entero. Allí también comenzó su canto: cantaron, gimieron sus corazones, sus vientres. En su canto decían: "¡Ay! Perdidos fuimos en Lugar de la Abundancia, nos separamos. Nuestros hermanos mayores, nuestros hermanos menores, se quedaron. Sí, hemos visto el sol, pero ¿en dónde estaban ellos, cuando he aquí el alba? así decían a Los de las Espinas, Los del Sacrificio, los hombres Yaquí. De igual modo, Pluvioso era el nombre del dios de los hombres Yaquí, llamado Yolcuat-Quetzacoalt, cuando nos separamos allá lejos, en el Lugar de la Abundancia-Barranco. "He aquí de donde salimos, he aquí nuestra parentela, cuando vinimos", se decían unos a otros. Entonces se acordaban de sus hermanos mayores, de sus hermanos menores, de los hombres Yaquí cuya alba se hizo en el [lugar] llamado ahora México. Una parte de aquellos hombres se quedaron también allá lejos, en Oriente; Tepeu, Oliman, [son los] nombres del sitio en donde se quedaron, se cuenta. Grande [fue] la aflicción de sus corazones, allí, en Volcán. Lo mismo hicieron Los de los Tam, [Los] de los Iloc; de forma semejante estaban en la selva, en el poblado llamado Dan; el alba existió sobre Los de las Espinas, Los del Sacrificio, de los Tam, con su dios, también Pluvioso.

Único [era] el nombre del dios de las tres fracciones de los hombres Quiché. Lo mismo [era] el nombre del dios de los Rabinal; poco diferente [es] este nombre: Suprema Lluvia, así se dice el nombre del dios de los Rabinal: se cuenta también que había unidad con la lengua Quiché; pero había diferencia con la lengua de los Cakchequel, pues diferente [era] el nombre de su dios cuando salieron del lugar de la Abundancia-Barranco. Serpiente que se vuelve Invisible de la Mansión de los Murciélagos, [era el] nombre del dios; la lengua también [es] diferente ahora. Hay también los dioses de los cuales los clanes de Ahpo-Zotzil, Ahpo-Xa, así llamados, tomaron sus nombres. Lo mismo que los dioses, la lengua difería cuando se les entregaron los dioses allá lejos, en Lugar de la Abundancia. Cerca de la Piedra varió la lengua cuando vinieron del Lugar de la Abundancia en la obscuridad. Juntas se establecieron y se manifestó su alba a todas las tribus; los nombres de los dioses [se dieron] según el rango de cada fracción. He aquí que ahora contaremos su residencia, su morada, en la montaña en donde estuvieron juntos los cuatro llamados Brujo del Envoltorio, Brujo Nocturno, Guarda-Botín y Brujo Lunar.

34

He aquí, pues, su decisión, el origen de la colocación de Pluvioso cuando fueron ante Pluvioso. Sembrador y fueron a verlos, fueron a adorarlos, dieron gracias a sus rostros por el alba. [Los dioses] resplandecían entre los peñascos, en las selvas, pero su Sabiduría se manifestó cuando Los de las Espinas, Los del Sacrificio, llegaron ante Pluvioso. No [fue] gran [cosa] lo que llevaron, lo que quemaron en seguida: solamente resina superfina, con anís silvestre. Entonces Pluvioso habló; sólo su Sabiduría existió cuando dio consejo a Los de las Espinas. Los del Sacrificio: él habló, dijo: "Aquí verdaderamente están nuestras montañas, nuestras llanuras. Nosotros [somos] todavía vuestros. Nuestra gloria, nuestro esplendor, serán grandes para todos los hombres. De vosotros [serán] todas las tribus. Nosotros [somos] también vuestros compañeros. Tened cuidado de [vuestra] ciudad, nosotros os aconsejaremos. No os manifestéis a la faz de las tribus cuando estemos furiosos por las palabras de sus bocas, [por] su existencia. No nos dejéis cazar en la red, sino dadnos los hijos de la hierba de los caminos, los hijos de los matorrales con las hembras de los venados, las hembras de los pájaros. Dadnos un poco de su sangre, tened piedad de nuestros rostros, dejadnos los pelos de los venados, velad porque se descubra a los que se hayan quedado caídos. He aquí unos símbolos, y por consiguiente nuestros substitutos, que manifestaréis ante las tribus. Cuando ellas os digan: "¿En dónde está Pluvioso?", vosotros manifestaréis ante sus rostros nuestros símbolos; no os manifestéis vosotros mismos, tendréis otra cosa que hacer. Grande será vuestro ser. Someteréis a todas las tribus: humillaréis su sangre, su savia, ante nuestros rostros; los que vengan a abrazarnos serán también nuestros". Así dijeron Pluvioso. Sembrador. Volcán. Bajo rostros de engendrados se disimulaban cuando se iba a verlos y a sacrificar ante sus rostros. Entonces comenzó la caza a los hijos de los pájaros, a los hijos de los venados, caza que recibían Los de las Espinas. Los del Sacrificio. Cuando se habían encontrado pájaros, hijos de venados, enseguida derramaban su sangre, la de los pájaros, al borde de la piedra de Pluvioso, Sembrador. Habiendo bebido la sangre los dioses, al instante la piedra hablaba cuando llegaban Los de las Espinas, Los del Sacrificio, cuando iban a sacrificar. Así hacían ante los símbolos, quemando resina, y anís silvestre, espinas de maguey. Sus símbolos estaban cada uno sobre la montaña en donde habían sido emplazados. De día no permanecían en sus casas sino se iban a los montes. Así, pues, no se nutrían más que de hijos de abejas, de hijos de avispas, de hijos de abejorros; [no tenían] ni buena alimentación ni buena bebida. Entonces no aparecían los caminos de sus casas, no aparecía [el lugar] en donde estaban sus esposas.

35

Numerosas eran las tribus que se habían fundado, reuniendo, cada una las fracciones que iban en tropeles por los caminos, y se manifestaban. En cuanto a Brujo del Envoltorio, Brujo Nocturno, Guarda-Botín, Brujo Lunar, no se mostraban allá en donde estaban. Cuando veían pasar tribus por los caminos, gritaban en la cima de los montes; no gritaban sólo el grito del coyote, sino el grito del zorro; el grito del puma, y del jaguar. Cuando las tribus al caminar vieron aquellos: "Sólo el grito del coyote, el del zorro, el del puma, el del jaguar", dijeron las tribus, como si en el espíritu de todas las tribus no fueran hombres. Lo que hacían [los cuatro] no era más que para engañar a las tribus. "Sus corazones desean [algo]. En verdad lo que hacen nos aterra. Hay deseo en el grito del puma, [en] el grito del jaguar, quienes gritan cuando ven a hombres que no caminan sino uno o dos. Desean destruirnos". Cuando iban cada día a sus casas con sus esposas, no llevaban más que hijos de abejas, hijos de avispas, hijos de abejorros, que daban a sus esposas. Cada día iban ante Pluvioso, Sembrador, Volcán, [y] decían en sus corazones: "He aquí a Pluvioso, Sembrador, Volcán. No les damos sino la sangre de los venados, de los pájaros; no pinchamos sino nuestras orejas, nuestros codos. Pedimos nuestra bravura, nuestra valentía a Pluvioso, Sembrador, Volcán. ¿Quién habla de los muertos de las tribus cuando los matamos uno a uno?" [Así] se decían entre sí cuando iban ante Pluvioso, Sembrador, Volcán. Cuando se pinchaban las orejas, los codos, ante los dioses, enjugaban la sangre y llenaban con ella la escudilla al borde de la piedra. En realidad no era entonces al borde de la piedra adonde venía cada uno de los engendrados. Los de las Espinas, Los del Sacrificio, se regocijaban de aquella sangre [sacada] de ellos cuando llegaba aquel signo de sus acciones. "Seguid sus huellas; tal es la salvación para vosotros. De allá lejos, de Lugar de la Abundancia, vino, cuando nos trajisteis, la piel llamada Bandas Envolventes, dada con la sangre que nos introdujisteis. Que se froten con sangre ante Pluvioso, Sembrador, Volcán"; [así] se ordenó.

36

He aquí que comenzó el rapto de los hombres de las tribus por Brujo del Envoltorio. Brujo Nocturno. Guarda-Botín. Brujo Lunar. En seguida [comenzó] la matanza. No cogían más que a un caminante, que a dos caminantes, sin mostrarse cuando los cogían; en seguida iban a sacrificarlos ante Pluvioso, Sembrador. Después, cuando derramaban la sangre en el camino, arrojaban la cabeza allí. Las tribus decían entonces: "el jaguar se los ha comido"; no decían eso sino a causa de las apariencias [de huellas] de patas de jaguar, [de huellas] de patas que ellos hacían sin revelarse. Robaron muchos hombres en las tribus; las tribus no comprendieron sino hasta después de mucho tiempo. "¿Son Pluvioso, Sembrador, quienes entran entre nosotros? Sólo ellos sostienen a Los de las Espinas, Los del Sacrificio. ¿En dónde están sus casas? Descubrimos esas patas", dijeron entonces todas las tribus. Celebraron consejo unas con otras, y después comenzaron a seguir las [huellas del patas de Los de las Espinas. Los del Sacrificio: no eran claras. No vieron más que [huellas de] patas de venado, de patas de jaguares, no [huellas] claras: aquellas [huellas de] patas [no eran] claras porque eran como huellas de patas invertidas, para extraviarlos. Por esta [estratagema] la [verdadera] pista no aparecía. No nacía más que una nube, no nacía más que una lluvia macabra, no nacía más que un lodo, no nacía más que una bruma que las tribus veían ante ellas. Los corazones [de los cuatro] soportaron el cansancio cuando cazaron en los caminos, pues grande [era] el ser de Pluvioso, Sembrador, Volcán; se alejaron por la montaña, al lado de las tribus a las que diezmaban. Así nació allá el rapto por los brujos cuando cogieron en los caminos a la [gente de las] tribus para sacrificarla ante Pluvioso, Sembrador, Volcán, quienes salvaron a sus engendrados allá en la montaña. He aquí que Pluvioso, Sembrador, Volcán, parecían tres mancebos caminando, pues su piedra era mágica. Había allí un río. Se bañaban al borde del río, solamente para mostrarse; [el río] se llamó pues El Baño de Pluvioso; éste fue el nombre del río. Con frecuencia las tribus los vieron; se escondían tan pronto como eran vistos por las tribus. Entonces fue contado que Brujo del Envoltorio, Brujo Nocturno, Guarda-Botín, Brujo Lunar, estaban allí. He aquí que las tribus celebraron consejo acerca de su muerte. Ante todo las tribus quisieron celebrar consejo para la derrota de Pluvioso, Sembrador, Volcán. Todos Los de las Espinas, Los del Sacrificio dijeron a la faz de las tribus: "Que todos se reúnan, se llamen; que no sea dejada una fracción, dos fracciones". Todas se congregaron, se llamaron, celebraron consejo entonces. Cuando se interrogaron, dijeron: "¿Cómo vencer la conducta de los hombres Cavek Quiché, pues acaban con nuestros hijos nuestra prole? No está clara la destrucción de los hombres por ellos. Si debemos acabar a causa de esos raptos, entonces sea. Pero si la potencia de Pluvioso. Sembrador, Volcán, es tan grande, entonces que ese Pluvioso sea nuestro dios: cautivadle. No han terminado ellos su victoria sobre nosotros. ¿No [somos] muchos hombres en nuestra existencia? Ahora bien, esos Cavek no son tantos en su existencia"; así dijeron cuando se congregaron todos. Una parte de las tribus respondió, diciendo: "¿Quién, pues, los ha visto bañarse cada día en el río? Si son Pluvioso. Sembrador, Volcán, entonces los venceremos primero, entonces comenzará la derrota de Los de las Espinas. Los del Sacrificio"; [así] respondió aquella parte de las tribus cuando habló. "¿Cómo los venceremos?", díjose. "Pues bien, he aquí nuestra victoria sobre ellos. Puesto que parecen mancebos cuando se les ve en el río que dos doncellas vayan allá; que sean adolescentes realmente bellas, muy amables, para que venga su deseo", se respondió: "¡Excelente! Vamos a buscar a dos adolescentes perfectas", dijeron [yéndose] a buscar a sus hijas. Fueron verdaderamente blancas doncellas. Se les recomendó entonces a aquellas adolescentes: "¡Oh hijas nuestras, id al río a lavar los vestidos! Si en seguida veis a aquellos tres mancebos, desnudaos ante ellos. Si sus corazones os desean, llamadles. Si os dicen: "¿Iremos con vosotras?", contestaréis: "Sí". Si os preguntan: "¿De dónde venís?", ¿De cuáles amos sois hijas?", que entonces les digan: "Somos hijas de jefes", y después: "Venga una prenda de vosotros". Cuando os la hayan dado, si ellos desean vuestros rostros, en verdad, entregaos a ellos; si entonces no os entregáis, os mataremos. En seguida nuestro corazón estará bien. Cuando la prenda exista, traedla; será para nuestro espíritu el testimonio de que ellos han ido con vosotras". Así hablaron los jefes cuando dieron sus órdenes a las dos adolescentes. Éstas eran: Deseable, nombre de una y Agradable, nombre de la otra. Las dos fueron afuera, al río, al Baño de Pluvioso, Sembrador, Volcán. Tal

[fue] la decisión de todas las tribus. En seguida las adolescentes fueron, se adornaron, bellas, brillantes. Al ir adonde se bañaba Pluvioso, se adornaron. En seguida se lavaron. Cuando fueron, los jefes se alegraron, debido a sus hijas que iban allí. Al llegar al río comenzaron a lavar, se desnudaron, las dos, hicieron ruido, patullando ante las piedras. Entonces aparecieron Pluvioso. Sembrador. Volcán. Llegaron allá, al borde del río, un poco sorprendidos solamente a la vista de las dos adolescentes que lavaban. He aquí que las jóvenes tuvieron vergüenza inmediatamente que llegó Pluvioso. Pero a Pluvioso no le vino deseo de las dos adolescentes. Entonces éstas fueron interrogadas: "¿De dónde venís?", dijeron a las dos jóvenes; les preguntaron: "¿Qué queréis, al venir al borde de nuestro río?" Ellas replicaron: "Fuimos enviadas por los jefes cuando vinimos. "Id a ver los rostros de esos Pluviosos; hablad con ellos", nos dijeron los jefes. "Que venga en seguida una prenda, si verdaderamente visteis sus rostros", nos fue dicho". Así dijeron las dos adolescentes, entregando su mensaje. Ahora bien, las tribus querían que las jóvenes fornicasen con los dioses. Pluvioso, Sembrador, Volcán, dijeron, respondiendo a las dos adolescentes llamadas Deseable, Agradable: "¡Bien! La prenda de nuestra conversación con vosotras vendrá. Esperad. Iréis a llevarla a los jefes": les dijeron. Celebraron en seguida consejo con Los de las Espinas, Los del Sacrificio. Brujo del Envoltorio, Brujo Nocturno, Guarda-Botín, Brujo Lunar: "Pintad tres vestidos, pintad los signos de nuestro ser; que éstos lleguen a [manos de] las tribus, que vayan con esas dos adolescentes que se lavaban. Id a dárselos". [Así] se les dijo a Brujo del Envoltorio, Brujo Nocturno y Guarda-Botín. En seguida estos tres pintaron. Primero Brujo del Envoltorio pintó de los jaguares la imagen, la pintura, en la faz del vestido. En seguida Brujo Nocturno [pintó] de las águilas, la imagen, la pintura, en la faz del

vestido. Guarda-Botín pintó entonces por todas partes abejas, avispas; la imagen, la pintura, en la faz del vestido. Los tres terminaron la pintura de las tres piezas de tela. Cuando llevaron después a las llamadas Deseable, Agradable, los diversos vestidos, Brujo del Envoltorio, Brujo Nocturno, Guarda-Botín, les dijeron: "He aquí la prenda de nuestra conversación. Id pues ante las jefes. "Pluvioso nos ha hablado", diréis. "He aquí la prenda que "traemos". Que se cubran con los vestidos que les daréis". Así hablaron a las adolescentes ordenándoles que se fueran. Ahora bien, los vestidos pintados, llamados Xcucaah, llegaron cuando ellas llegaron. Los jefes se regocijaron cuando vieron las manos de las adolescentes ostentando las imágenes. Interrogaron a las jóvenes. "¿Visteis el rostro de Pluvioso?". "Ciertamente, lo vimos", respondieron Deseable, Agradable. "Muy bien. Si es verdad, ¿qué prenda traéis?", dijeron los jefes. En realidad los jefes pensaban que era la señal de su pecado. Entonces los vestidos pintados fueron desenrollados por las adolescentes enseñando por todas partes jaguares, águilas, y abejas, avispas, [era] la pintura en los vestidos de faz brillante: apreciaron entonces la faz, se los pusieron. Nada fue hecho por los jaguares colocados primero sobre el jefe. Entonces el jefe se puso el segundo vestido pintado, la pintura de las águilas: el jefe pensó solamente para sí mismo que estaba bien, e iba y venía a la faz [de los suyos]. Desnudó sus partes secretas a la faz de todos. Entonces el tercer vestido pintado fue colocado sobre el jefe: así las abejas, las avispas de la superficie, fueron puestas sobre él. Inmediatamente su carne fue mordida por las abejas, las avispas. No pudo soportar, no pudo sufrir, la mordedura de [aquellos] animales: entonces la boca del jefe gritó a causa de los animales de los cuales sólo la imagen estaba pintada en el vestido: la pintura de Guarda-Botín, la tercera pintura. Entonces [los jefes] fueron vencidos. En seguida las adolescentes Deseable, Agradable, fueron insultadas por los jefes. "¿Qué son esos vestidos que habéis traído? ¿Adónde fuisteis a cogerlos? ¡oh engañadoras!", les dijeron a las jóvenes, injuriándolas a causa de la derrota de todas las tribus por Pluvioso. Ahora bien, esas [tribus] hubieran querido que Pluvioso fuese a tener placer con Deseable y Agradable, que ellas fornicasen, y en el espíritu de las tribus, que esto fuese para tentarlo. Pero su derrota no pudo darse a causa de aquellos hombres Sabios. Brujo del Envoltorio. Brujo Nocturno. Guarda-Botín.

37

Entonces todas las tribus celebraron de nuevo consejo. "¿Cómo los venceremos? Ciertamente, tal como su ser es grande", repitieron cuando se reunieron en Consejo. "Pues bien, los atacaremos, los mataremos; nos adornaremos con flechas, con escudos. ¿No somos muchos? Que ni uno ni dos de nosotros se queden", dijeron también cuando celebraron consejo. Todas las tribus se adornaron. Numerosos [eran] los matadores cuando para la matanza estuvieron reunidas. Ahora bien. Brujo del Envoltorio, Brujo Nocturno, Guarda-Botín estaban en la cima del monte; Volcán, [era] el nombre del monte; estaban allí para sus engendrados, allí en la montaña. Sus hombres no eran muchos, no [eran] una multitud como la multitud de las tribus: un pequeño [número] solamente: la cima de la montaña les rodeaba. Sin embargo, entonces fue decidida su destrucción por las tribus cuando todas se reunieron, se congregaron, a su llamada. He aquí, pues, que todas las tribus se juntaron, adornadas con sus flechas, con sus escudos: muchos eran los metales preciosos de sus ornamentos: embellecido [estaba] el aspecto de todos los jefes, los Varones; todos en verdad cumplieron su palabra. "En verdad, todos serán hechos realmente miserables. Ese Pluvioso, ese dios, es al que adoraremos si, solamente, lo hacemos prisionero", se dijeron unas a otras [las tribus]. Pero Pluvioso sabía, y Brujo del Envoltorio, Brujo Nocturno, Guarda-Botín, sabían; conocían lo que estaba decidido, pues no tenían ni sueño ni reposo desde que se habían preparado los arqueros, los guerreros. En seguida todos aquellos guerreros se levantaron; queriendo en sus corazones atacar nocturnamente, fueron. Pero no llegaron, sino que en camino aquellos guerreros se durmieron, y después fueron vencidos por Brujo del Envoltorio, Brujo Nocturno, Guarda-Botín. Sin saberlo, todos acabaron por dormirse, en seguida comenzó la depilación de sus cejas, de sus barbas, por [los tres]; entonces se desprendieron los metales preciosos de sus gargantillas, de sus coronas, de sus collares; del asta de sus lanzas a la que se le quitaron los metales preciosos. Para la humillación de sus rostros fue hecha su depilación, señal de la grandeza de los hombres Quiché. Habiéndose despertado después, inmediatamente tomaron sus coronas y las astas de sus lanzas: no había ya metales preciosos en las astas y en las coronas. "¿Quién nos lo quitó? ¿Quién nos depiló así? ¿De dónde vinieron a robarnos nuestros metales preciosos?", dijeron todos los guerreros. "¿Serían quizás esos engañadores que roban hombres? ¿No cesarán pronto de espantarnos? Ataquemos su ciudad; así volveremos a ver nuestros metales preciosos; esto es lo que les haremos", dijeron todas las tribus; todas obraron según sus palabras. Ahora bien, tranquilos los corazones de Los de las Espinas, Los del Sacrificio, que se encontraban en la montaña. Así, Brujo del Envoltorio, Brujo Nocturno, Guarda-Botín, habiendo celebrado un gran Consejo, hicieron fortificaciones al borde de su ciudad, no rodeándola más que de tablas, y de espinos. Hicieron en seguida monigotes semejantes a hombres; después los alinearon allí, en las fortificaciones; de igual modo estaban sus escudos, y sus flechas, con los cuales se les adornó; en sus cabezas coronas de metales preciosos; se les pusieron a aquellos simples maniquíes, a aquellos simples [muñecos] construidos con madera; se les pusieron los metales preciosos que se habían ido a coger a las tribus en el camino y con los cuales los maniquíes fueron adornados por [los tres]. Éstos cavaron entonces alrededor de la ciudad. Pidieron en seguida consejo a Pluvioso. "¿Moriremos? ¿Seremos vencidos?". Sus corazones recibieron la respuesta ante Pluvioso. "No os pongáis tristes. He aquí lo que pondréis contra ellos. No os espantéis", dijo a Brujo del Envoltorio, Brujo Nocturno, Guarda-Botín.

38

Entonces vinieron avispas, abejas que fueron a coger para erizar [la muralla]: llegadas, las pusieron en cuatro grandes calabazas que fueron [colocadas] alrededor de la ciudad: se encerraron las abejas, las avispas, en las calabazas, para combatir con ellas a las tribus. La ciudad fue espiada, [rodeada] de emboscadas, juzgada por los enviados de las tribus. "No son numerosos", dijeron, pero no habían llegado a ver más que los monigotes, los [muñecos] construidos con madera, que dulcemente se balanceaban, sosteniendo sus flechas, sus escudos, y parecían verdaderamente hombres guerreros. Cuando las tribus los vieron, todas las tribus se regocijaron de cuán [pocos] venían. Numerosas [eran] las tribus existentes. Innumerables [eran] los hombres, los guerreros, los matadores, para matar a los de Brujo del Envoltorio, Brujo Nocturno y Guarda-Botín que estaban allí en el monte Volcán, nombre [del monte] en donde estaban. He aquí que contaremos su llegada. Allí estaban Brujo del Envoltorio, Brujo Nocturno y Guarda-Botín. Juntos estaban en la montaña con sus esposas, sus hijos, cuando llegaron todos los guerreros, los matadores; no eran dieciséis mil, sino veinticuatro mil, de entre las tribus. Rodearon a la ciudad; vociferaban, adornados con flechas, con escudos; golpeaban sus escudos, silbaban, aullaban. Vociferaron exclamaciones, silbidos, cuando llegaron al pie de la ciudad. No había en esto nada que pudiera espantar a Los de las Espinas. Los del Sacrificio: fueron simplemente a mirar desde el reborde de las fortificaciones; fueron en orden con sus esposas, sus engendrados. Sus espíritus [fueron] solamente al encuentro de los actos, de la música, de las palabras de las tribus cuando éstas subieron a la faz del monte: poco faltaba para que acabasen [de llegar] hasta la entrada de la ciudad cuando se levantaron las cubiertas de las cuatro calabazas que estaban al borde de la ciudad; entonces salieron las abejas, las avispas, saliendo como humo del interior de cada una de las calabazas. Así los guerrearon, fueron acabados por los animales que se pegaban a sus ojos, que se pegaban a sus narices, a sus bocas, a sus piernas, a sus brazos. "¿Adónde han ido a coger, adónde han ido a reunir, todo lo que hay [aquí] de abejas, de avispas?" Pegadas así, mordían los ojos; las bestezuelas se abatían furiosas sobre cada uno de los hombres. Embriagados por las abejas, las avispas, sin poder sostener sus flechas, sus escudos, [los hombres] caían sobre la faz de la Tierra. Se tendían al caer ante la montaña. No sintieron que se les traspasaba con flechas, que se les tajaba con el hacha. Brujo del Envoltorio y Brujo Nocturno, no se sirvieron más que de madera podrida; sus esposas se pusieron a matar. Solamente una parte [del enemigo] regresó: las tribus [se] fueron a la carrera. Aquellos a quienes primero se alcanzó fueron acabados, fueron matados: no pocos hombres perecieron: [los nuestros] no mataron tanto como sus corazones perseguían, porque los animales estuvieron [también] en contra de ellos. No emplearon toda su valentía: sin flechas, sin escudos, mataron. Entonces fueron humilladas todas las tribus ante la faz del Brujo del Envoltorio. Brujo Nocturno. Guarda-Botín. "Tened piedad de nuestros rostros. No nos matéis", dijeron. "Muy bien. Pero debíais morir. Os volveréis, pues, tributarias», mientras haya días, mientras haya albas", se les contestó. Tal fue la derrota de todas las tribus por nuestras primeras madres, [nuestros primeros] padres; sucedió allá en el monte ahora llamado Volcán. Aquellos primeros [antepasados] se fijaron, se multiplicaron, engendraron hijas, engendraron hijos, en la cima del Volcán. Se regocijaron cuando vencieron a todas las tribus, derrotadas allá en el monte. En seguida sus corazones reposaron. Dijeron a sus engendrados que su muerte había estado cercana cuando se había querido matarlos. He aquí que contaremos la muerte de los llamados Brujo del Envoltorio, Brujo Nocturno, Guarda-Botín, Brujo Lunar.

39

Como ellos sabían [que estaba] [próxima] su desaparición, su muerte, dieron órdenes acerca de ella a sus engendrados. Ningún signo de enfermedad. No gimieron, no tuvieron angustia, cuando dejaron su Palabra a sus engendrados. He aquí los nombres de sus engendrados. Brujo del Envoltorio engendró dos [hijos]: Qo Caib nombre del primer hijo, Qo Cavik nombre del segundo hijo, abuelos, padres, de los Cavik. He aquí también los dos que engendró Brujo Nocturno. Sus nombres eran: Qo Acul del primer hijo. Qo Acutec se llamó el segundo, de Brujo Nocturno, [abuelos, padres] de los de Niha. Guarda-Botín no engendró más que uno, llamado Qo Ahau. Estos tres engendraron. Brujo Lunar no tuvo hijos. Tales son los nombres de los engendrados de Los de las Espinas, Los del Sacrificio.

Entonces éstos les dejaron sus órdenes. Juntos estaban los cuatro. Cantaron en la aflicción de sus corazones: "Nosotros Vemos". Cuando ofrecieron sus recomendaciones a sus engendrados. "Oh hijos nuestros, vamos, nos volvemos; palabras del alba, preceptos del alba, os damos". "Oh esposas nuestras, vosotras vinisteis también de nuestra lejana comarca", dijeron a sus esposas, haciendo recomendaciones a cada una. "Ya está preparado, está manifiesto en el cielo el Símbolo de los Jefes. Nosotros no hacemos más que volver: hemos cumplido nuestra tarea; nuestros días están contados. Pensad en nosotros, no nos borréis de vuestra memoria, no nos olvidéis Vosotros veréis vuestra casa, vuestro país. Prosperad. Que así sea. Seguid vuestro camino. Ved de dónde vinimos". Así dijo su Palabra, cuando ellos ordenaron. Y entonces Brujo del Envoltorio dejó el signo de su existencia. "He aquí el recuerdo mío que os dejo. He aquí vuestra Fuerza. He ordenado, decidido", dijo. También lo hizo, la Fuerza Envuelta, así llamada: su faz no se manifestaba, sino que estaba envuelta; no se la desenrollaba: a costura no aparecía porque se la envolvía sin [que fuese] visible. Así ordenaron ellos cuando se desvanecieron en la cima de la montaña. No fueron inhumados por sus esposas, sus hijos. Invisible [fue] su desaparición, su desaparecimiento: visibles sólo sus preceptos. El Envoltorio se volvió preciso para los suyos, para quienes fue el recuerdo de sus padres; inmediatamente quemaron [copal] ante aquel, para ellos, recuerdo de sus padres. Entonces nacieron hombres de los jefes cuando éstos sucedieron a Brujo del Envoltorio que había sido el primero, abuelo, padre, de los Cavik: pero sus hijos llamados Qo Caib, Qo Cavib, no desaparecieron. Así murieron los cuatro, nuestros primeros abuelos, padres, cuando desaparecieron, cuando dejaron a sus engendrados, allá en el monte Volcán, allá en donde se quedaron sus hijos. Habiendo sido doblegados, habiendo sido humillada su gloria, todas las tribus ya no tenían fuerza: no existían todas más que para servir cada día. [Los quichés] se acordaban de sus padres: grande [era] para ellos la gloria del Envoltorio; no la desenrollaron, sino que estaba allí en la Envoltura, con ellos. Fue llamada por ellos Fuerza Envuelta, cuando designaron, cuando dieron nombre a su Secreto dejado por sus padres, lo que hicieron en señal de su ser. Tal fue la desaparición, la pérdida, de Brujo del Envoltorio, Brujo Nocturno, Guarda-Botín, Brujo Lunar, los primeros hombres que llegaron del otro lado del mar, del Este. Hacía mucho tiempo que lo habían hecho cuando murieron, ancianos, los llamados Los de las Espinas, Los del Sacrificio.

40

[Los tres hijos primogénitos] pensaron después en ir al Oriente, pensaron en las órdenes de sus padres, no las olvidaron. Sus padres habían muerto hacía largo tiempo [cuando] se les dieron esposas de la tribu, suegros, cuando aquellos tres tomaron mujer. Cuando partieron, dijeron: "Vamos allá adonde el sol se levanta, de donde vinieron nuestros padres", lo manifestaron al ponerse en camino. Aquellos tres, los procreados: Qo Caib, nombre de uno de los engendrados de Brujo del Envoltorio. El de todos los Cavik, Qo Acutec, nombre de uno de los engendrados de Brujo Nocturno. El de los Niha, Qo Ahau, nombre del único engendrado de Guarda-Botín, el de los Ahau-Quiché. Tales son los nombres de aquellos que fueron allá lejos, del otro lado del mar; entonces aquellos tres se fueron. Segura era su Sabiduría, era su Ciencia; su ser [no era] de hombres vulgares. Dejaron órdenes a sus [hermanos] mayores, a sus [hermanos] menores, alegrándose de partir. "No moriremos, regresaremos", manifestaron los tres al partir. En verdad que pasaron por el mar al llegar allá lejos a Oriente, al ir a recibir sus poderes. He aquí el nombre del [título del] jefe a cuyo país llegaron: el Gobierno de los Orientales. Entonces se presentaron ante el jefe Nacxit nombre del gran jefe, supremo Decididor de Palabra, de mucho poder. He aquí que él les dio las insignias del poder, todos sus atributos. Entonces vinieron las insignias de Consejero.

El Consejero Lugarteniente tuvo por insignias la fuerza del poder de Consejero. Nacxit terminó de darles los atributos del poder. He aquí los nombres: dosel, sitial con respaldo, flauta, [tambor] cham-cham, piedras negras y amarillas, garras, zarpas de puma, cráneo de jaguar, Búho [de orejas de asno], [matanza de] venado, brazaletes. [Conchitas] tat, cascabeles, cuna, pañales, caxcon, chiyom, aztapulul, todo lo que trajeron después de haber ido del otro lado del mar a recibir la escritura de Lugar de la Abundancia, los escritos, dícese, de lo que ellos insertaron en su historia. Cuando hubieron llegado, después, a la cima de la ciudad llamada Volcán, todos los Tam, los Iloc se reunieron, todas las tribus se congregaron, se congratularon de la llegada de Qo Caib, Qo Acutec, Qo Ahau, quienes volvieron a tomar allí el poder tribal. Los Rabinal, los Cakchequel, los de Tziquina-ha, se aplaudieron. Así aparecieron ante sus rostros las insignias de la grandeza del poder. Grande era también la existencia de las tribus antes de que ellos hubiesen acabado de manifestar su poder. [Los tres jefes] estaban allí, en Volcán. Con ellos estaban todos aquellos que habían ido al lejano Oriente y que se extendieron por la montaña; todos [eran] multitud. Allí murieron las esposas de Brujo del Envoltorio, Brujo Nocturno y Guarda-Botín. "Cuando, después de haber dejado, [de haber] abandonado su país, vinieron, buscaron otros lugares de donde fijarse, numerosos [fueron] los lugares en donde se establecieron, designándolos, dándoles nombres. Allí se reunieron, se reforzaron nuestras primeras madres, nuestros primeros padres", decían antaño los hombres cuando contaban que habían abandonado, dejado su primera ciudad llamada Volcán y [que] de allí habían llegado a otra ciudad llamada Chi Quix. Se extendieron en cada barrio de la ciudad, engendraron hijas, y también hijos. Allí en donde estuvieron, cuatro colinas llevaban juntas el nombre de la ciudad. Casaron a sus hijas, a sus hijos, pero por sus regalos, solamente para concluir, solamente para acabar, pusieron precio a sus hijas, lo recibieron; así, buena [era] la existencia que les proporcionaban. Entonces pasaron por cada barrio de la ciudad; he aquí los nombres: Chi Quix, Chi Chac, Humetaha, Culba-Cavinal, nombres de las colinas donde habitaron. He aquí que escogieron las colinas de su ciudad, las colinas inhabitadas, que buscaron, porque todos eran muchos. Aquellos que habían recibido el poder en Oriente habían muerto; eran viejos cuando llegaron allí, a cada ciudad; cada una [de éstas] por donde pasaron no poseyó [mucho tiempo] sus rostros; tuvieron dolores, tormentos, cuando llegaron a las lejanas ciudades, aquellos abuelos, aquellos padres.

41

Chi Izmachi [es el] nombre de la colina en donde se asentó después su ciudad, en donde para siempre vivieron. Allí creció su fuerza; pulverizaron su cal, su tierra blanca, bajo la cuarta generación de jefes. Decidieron Conacho, Belche Queh, y también el Eminente Jefe. Después gobernaron los jefes Cotuha e Iztayul, nombre del Consejero [y] del Consejero Lugarteniente, Chi Izmachi, que se convirtió en una ciudad perfecta que ellos hicieron. Tres Grandes Mansiones solamente se construyeron en Iznachi, las veinticuatro Grandes Mansiones no se formaron todavía. Sus tres Grandes Mansiones se formaron: una, la Gran Mansión de los Cavek; otra, la Gran Mansión ante el" rostro de los Niha; otra también, la de los Ahau-Quiché. Solamente [como] dos serpientes [eran] las dos fracciones del pueblo. Ahora bien, en Izmachi su corazón era único; no había alertas, no había dificultades; el gobierno estaba en reposo; no había guerras, revueltas; solamente la calma y la paz en sus corazones. No había envidia, ni odio; en sus acciones pequeña era su fuerza; no había nada destacado, no había engrandecimiento. Entonces trataron de [hacer] sobrepujar el escudo, allí en Izmachi, como prueba de su potencia; entonces lo hicieron el signo de su fuerza, el signo también de su grandeza. Cuando ésta fue descubierta por los Iloc entonces la guerra nació, [hecha] por los Iloc, que querían venir a matar al jefe Cotuha, no queriendo [tener] sino un jefe suyo. En cuanto al jefe Iztayul, querían que fuera castigado por los Iloc, que fuera condenado a muerte. Pero su envidia no prevaleció contra el jefe Cotuha, quien marchó contra ellos antes de que [él], [el] jefe, fuera muerto por los Iloc, Tal fue el origen de la revuelta y del tumulto de la guerra. Primeramente [los Iloc] atacaron a la ciudad, fueron a matar. Querían la pérdida del rostro Quiché: que ellos solos gobernasen [era] su idea. Pero no llegaron más que para morir. Fueron [hechos] prisioneros, cautivos, sin que se salvasen muchos. Entonces se comenzó a sacrificarlos. Los Iloc fueron sacrificados ante los dioses: este pago de sus faltas fue hecho por el jefe Cotuha. Muchos se convirtieron en servidores, vasallos, tributarios, habiendo ido a entregarse a la derrota por la guerra contra los jefes la ciudad. Sus corazones habían deseado la pérdida, la vergüenza, de la faz de la jefatura Quiché: esto no pudo hacerse. Así nacieron los sacrificios humanos ante los dioses: entonces se hizo el escudo de guerra, el origen, el comienzo, de la defensa de la ciudad Chi Izmachi. Ahí también [estuvo] el comienzo, el origen, de su fuerza, porque verdaderamente grande fue la potencia del jefe Quiché. Por todas partes jefes Sabios, sin que nadie los humillase, sin que nadie los venciese. Hicieron grande el poder que comenzó allí en Izmachi. Allí aumentaron las escarificaciones [ante] los dioses, y el terror: todas las tribus, tribus pequeñas, tribus grandes, se aterrorizaron viendo la entrada de los hombres prisioneros que sacrificaron, que mataron, para [acrecentar] su fuerza, su dominación, el jefe Cotuha el jefe Iztayul, con los Niha, los Ahau-Quiché. Sólo estas tres fracciones del pueblo estaban en la ciudad llamada Izmachi. Allí comenzó también la comida, el festín para sus hijas, cuando éstas se casaban. Por esto se regocijaron las llamadas las tres Grandes Mansiones; allí bebieron sus bebidas: comieron sus alimentos, pusieron precio de sus hermanas, de sus hijas; se regocijaron en sus corazones. Hicieron sus alimentos, sus calabazas cinceladas, en sus Grandes Mansiones. "Solamente nuestras acciones de gracias, nuestras ofrendas, como signo de nuestro discurso, como signo de nuestra palabra sobre las esposas, los esposos", decían. Allí designaron a sus clanes, sus siete tribus, sus barrios. "Unámonos, nosotros los Cavik, nosotros los Niha, y nosotros los Ahau-Quiché", dijeron los tres clanes, las tres Grandes Mansiones. Pasado el tiempo habían estado allí en Izmachi cuando encontraron, y vieron otra ciudad, cuando abandonaron la de Izmachi.

42

Cuando se levantaron después para partir, fueron a la ciudad Gumarcaah, cuyo nombre fue mencionado por los quichés cuando llegaron los jefes Cotuha, Gucumatz, todos los jefes; comenzó, [entonces] la quinta generación de hombres desde el origen del alba, el origen de las tribus, el origen de la vida, de la existencia. Hicieron allí numerosas casas; allí también hicieron la Casa de los Dioses; en el centro, en la cima de la ciudad, la pusieron cuando llegaron, cuando se establecieron. En seguida su potencia creció todavía. Numerosas, considerables, [eran] sus Grandes Mansiones, cuando éstas celebraron Consejo; se reunieron, se subdividieron, porque habían nacido sus disputas; se envidiaban por el precio de sus hermanas, el precio de sus hijas, ya no ofrecían sus bebidas ante sus rostros. He aquí el origen de sus subdivisiones cuando se realizó el lanzamiento de los huesos, de los cráneos de los muertos, que ellos se lanzaron. Entonces se separaron en nueve clanes; habiendo acabado la querella de las hermanas, de las hijas, se puso en marcha la decisión de que gobernarían veinticuatro Grandes Mansiones, y esto sucedió. Hacía mucho tiempo que todos [los hombres] habían llegado a su ciudad cuando ajustaron las veinticuatro Mansiones allí en la ciudad de Gumarcaah. Bendecida por el Santo Obispo, esta ciudad ahora está vacía, abandonada. Allí llegaron a ser poderosas, reunieron brillantemente sus bancos, sus sitiales con respaldo; todos los miembros de su fuerza habían sido distribuidos a cada uno de los jefes: nueve clanes fueron asignados a los nueve jefes de los Cavik, nueve a los jefes de los Niha, cuatro a los jefes de los Ahau-Quiché; dos a los jefes de los Zakik; llegaron a ser numerosos; numerosos también [los subalternos] detrás de los jefes; éstos [eran] únicamente los primeros a la cabeza de sus hijos, de su prole; muchos [sub] clanes [fueron asignados] a cada uno de los jefes. Diremos los nombres [de los títulos] de esos jefes, cada uno para cada una de las Grandes Mansiones. He aquí los nombres [de los títulos] de los jefes ante la faz de los Cavik. Consejero, Consejero Lugarteniente, El de Pluvioso, El de los Poderosos del Cielo, Gran Elegido de los Cavik, Hombre del Consejo de Chituy, Colector de Impuestos de Quehnay, Hombre del Consejo del Juego de Pelota de Tzalatz, Orador Lugarteniente. Los nueve jefes asignados [cada uno] a cada una de las Grandes Mansiones de las cuales serán conocidas [más adelante] las faces. He aquí los jefes ante la faz de los Niha. He aquí los primeros jefes: Jefe-Eminente, Jefe Hablador de los Hombres, Eminente Lugarteniente, Gran Lugarteniente, Orador Lugarteniente, Gran Elegido de los Niha, El de Sembrador, Jefe Reunidor, de los Festines de Zaklatol, Gran Colector de Impuestos de Yeoltux; los nueve jefes ante la faz de los Niha. He aquí en seguida a los Ahau-Quiché. He aquí los nombres de sus jefes: Hablador de los Hombres, Jefe Colector de Impuestos, Jefe Gran Elegido de los Ahau-Quiché, Jefe [de Los] de Volcán; cuatro jefes ante la faz de los Ahau-Quiché, asignados a [cuatro] Grandes Mansiones. Dos clanes de los Zakik tuvieron también jefes: [El de] la Gran Mansión Florida y Eminente de los Zakik; estos dos jefes [tenían] cada uno una Gran Mansión.

43

Así se completaron los veinticuatro jefes, y se crearon las veinticuatro grandes Mansiones. Entonces crecieron la fuerza, la dominación, en Quiché; entonces se ilustró y dominó la grandeza de su raza. Fue pulverizada la cal, la tierra blanca, para el barranco, la ciudad. Las tribus pequeñas, las tribus grandes, vinieron adonde estaba el nombre del jefe que [hacía tal] grandeza; entonces nacieron la fuerza, la dominación. La Casa de los Dioses y las casas de los jefes. [Éstos] no las edificaron, no trabajaron en ellas, no hicieron [ellos mismos] las casas; no hicieron ni siquiera la Casa de los Dioses; [todo esto no fue hecho] más que por sus hijos, su prole, [quienes se habían] multiplicado. Éstos no fueron tomados por violencia, por astucia, por rapto; en verdad sobre cada uno de ellos [gobernaban] sus jefes [propios]. Numerosos eran los hermanos mayores, los hermanos menores. Reunieron sus existencias. Acrecieron la fama de cada uno de los jefes. Verdaderamente preciosa, verdaderamente grande, [era] la potencia de los jefes; el respeto hacia los jefes creció, y su gloria nació por los hijos, la prole, cuando se multiplicaron también los del barranco, los de la ciudad. Ciertamente, no todas las tribus vinieron a darse así, como cuando durante la guerra se habían humillado los barrancos, las ciudades, sino que por los jefes Sabios se ilustraron el jefe Gucumatz, el jefe Cotuha. En verdad, aquel Gucumatz llegó a ser un jefe Sabio. Una semana para subir al cielo; una semana caminaba para descender a Xibalbá. Una semana se volvía realmente serpiente; una semana se hacía águila, otra semana también jaguar, se volvía verdaderamente la imagen del águila, del jaguar; otra semana aún, sangre coagulada, volviéndose solamente sangre coagulada. Ciertamente, la existencia de aquel jefe Sabio espantaba ante su rostro a todos los jefes. El rumor se divulgó; todos los jefes conocieron la existencia de aquel jefe Sabio. Tal fue el origen de la grandeza del Quiché cuando el jefe Gucumatz hizo aquellos signos de su grandeza. Su memoria no se perdió en los corazones de los nietos, de los niños. Él no hizo aquello para que hubiese un jefe Sabio sino para, por su existencia, hacer someter a todas las tribus, para, por sus actos, estar solo a la cabeza de las tribus. Aquellos jefes Sabios llamados Gucumatz [y Cotuha] fueron la cuarta generación de jefes y verdaderos Consejero. Consejero Lugarteniente. Quedó su posteridad, su descendencia, que tuvo la fuerza, la dominación, cuando engendraron hijos que hicieron grandes hazañas. Así fueron engendrados Tepepul, Ztayul, cuyo gobierno fue la quinta generación.

44

Descubramos ahora los nombres de la sexta generación de jefes, los dos más grandes: E-gag-Quicab, nombre de un jefe; Cavizimah, nombre del otro. Quicab, Cavizimah, hicieron mucho; engrandecieron el Quiché por su existencia verdaderamente sabia. He aquí la humillación, la destrucción, de los barrancos, de las ciudades, de las tribus pequeñas, de las tribus grandes, muy próximas, entre las cuales estaban antaño la ciudad, la colina, de los Cakchequel, la Chuvila actual, y la colina de los Rabinal, la Pamaca, la colina de los Caok, la Zaka-baha, así como la ciudad de Zakuleu, Chuvi-Migina, Xelahu, Chuva-Tzak, y Tzolohche. Quicab los despreciaba; hizo la guerra; en verdad, les humilló, destruyó, los barrancos, las ciudades, de los Rabinal, de los Cakchequel, de los Zakuleu. Llegó, derrotó, a todas las tribus. Quicab llevó lejos sus armas. Cuando una fracción, dos fracciones, no traían el tributo de todos sus bienes, humillaba a sus ciudades. Las tribus trajeron el tributo ante Quicab, Cavizimah. Entraron en servidumbre; fueron desangradas, fueron asaetadas en los árboles; no tuvieron ya gloria, no tuvieron ya fama. Tal fue la destrucción de las ciudades, pronto destruidas sobre la Tierra. Como hiere el relámpago y destruye a la piedra, [Quicab] aterrorizaba de repente, sometía a las tribus. Delante de Colché, un montículo de piedras es hoy la señal de una ciudad; poco falta para que no esté tallada como si él la hubiera cortado con el hacha; allá, en el valle llamado Petatayub, está visible ahora; todos los hombres vieron al pasar ese testimonio de la bravura de Quicab. No se le pudo matar, no se le pudo humillar. Ciertamente era un Varón; tomó los tributos de todas las tribus. Cuando, habiendo reunido consejo, todos los jefes fueron a fortificar los límites de los barrancos, y de las ciudades, humilló a las ciudades de todas las tribus. Después salieron los guerreros exploradores, fueron creados los clanes que debían habitar en las colinas [abandonadas]. "Si la tribu volviera a habitar la ciudad", suspiraban todos los jefes, uniendo sus Sabidurías. [Los guerreros] iban entonces a los lugares designados. "Como nuestra muralla, como nuestro clan, como nuestras empalizadas, nuestras fortalezas, será esto. Que ésta sea nuestra valentía, nuestra bravura", decían todos los jefes en los lugares señalados, cada uno para su clan, para combatir a los guerreros [enemigos]. Cuando esto fue ordenado, fueron a los lugares designados a habitar el país de las tribus; fueron para esto a aquellas regiones. "No os asustéis si hay guerreros que marchan contra vosotros para mataros; venid aprisa a anunciármelo; yo iré y los aniquilaré", les dijo Quicab cuando dio sus órdenes a todos y al Eminente, al Hablador de los Hombres. Entonces fueron los arqueros, los honderos, así llamados; no fueron más que los antepasados, los padres, de todos los hombres Quiché; estaban en cada colina, sólo para guardarlas, sólo para velar sobre las flechas, las hondas, para guardarlas [contra] la guerra. Sin alba diferente, sin dioses diferentes, únicamente para fortificar sus ciudades. Entonces todos aquellos [ocupantes] salieron: Los de Uvila, Los de Chutimal, Zakiya, Xahbaquieh, Chi-Temah, Vahxalahuh, con los de Cabrakán, Chabicak-Chi-Hunahpu, con Los de Maká, Los de Xoyabah, Los de Zakcabaha, Los de Zihaya, Los de Migina, Los de Zelahub, de las llanuras, de los montes; salieron a velar sobre la guerra, a guardar la tierra adonde iban por [orden de] Quicab, Cavizimah, Consejero, Consejero Lugarteniente, y del Eminente, el Hablador de los Hombres, los cuatro jefes. Fueron enviados para velar sobre los guerreros [enemigos] de Quicab. Cavizimah, nombres de los dos jefes ante los Cavik; de Quemá, nombre del jefe ante los Niha; de Achak-lboy, nombre del jefe ante los

Ahau-Quiché. Tales son los nombres de los jefes que enviaron, que expidieron, cuando sus hijos, su prole, fueron a las colinas, a cada colina. Primero fueron hechos prisioneros, cautivos, ante Quicab. Cavizimah el Eminente, el Hablador de los Hombres. Los arqueros, los honderos, movieron la guerra, hicieron prisioneros, cautivos. Aquellos guardianes llegaron a ser Varones; su renombre, su memoria, se acrecentaron por los jefes cuando regresaron a darles todos sus prisioneros, sus cautivos. Pronto se unieron los consejos de los jefes: Consejero. Consejero Lugarteniente. Eminente, Hablador de los Hombres. De allí salió la Decisión de que aconteciere lo que aconteciere, ellos serían los primeros y sus cargos representarían a los clanes. "Yo Consejero, yo Consejero Lugarteniente: Consejero es mi dignidad, como tú Jefe Eminente: la potencia de los Eminentes existirá", dijeron todos los jefes cuando tomaron su acuerdo. Lo mismo hicieron los Tam, los Iloc. De rostros iguales [fueron] las tres fracciones del Quiché, cuando tomaron posesión, cuando fueron escogidos, los primeros de sus hijos, de su prole. Tal fue el acuerdo tomado, pero no fue tomado allí, en el Quiché. Los nombres subsisten de las colinas en donde lo hicieron los primeros de los hijos, de la prole, estando entonces cada uno en su colina y habiéndose reunido juntos. Xebalax, Xecamac, [son los] nombres de las colinas en donde tomaron posesión en donde alcanzaron el poder. Esto se hizo en Chulimal. Tales fueron su elección, su toma de posesión y la designación de veinte Eminentes, de veinte Consejeros, por el Consejero, el Consejero Lugarteniente. El Eminente, el Hablador de los Hombres. Tomaron posesión de su cargo todos los Eminentes, Consejeros, once Grandes Elegidos. Eminente Jefe, Eminente de los Zakik, Eminente de los Varones, Consejeros de los Varones, Carpinteros de los Varones, Cima de los Varones; tales son los nombres [de las dignidades] de Varones que ellos crearon, que ellos escogieron, que ellos nombraron, en sus bancos, sus sitiales con respaldo, los primeros de los hijos, de la prole, de los hombres Quiché, los exploradores, los oidores, los arqueros, los honderos; murallas, puertas, empalizadas, fortalezas, [hubo] alrededor del Quiché. Lo propio hicieron los Tam, los Iloc; los primeros de los hijos, de la prole, que estaban en cada colina, tomaron posesión, fueron escogidos. Tal fue el origen de los Eminentes-Consejeros, de las dignidades de cada clan hoy; así fue su aparición cuando éstas aparecieron por [orden de] Consejero, Consejero Lugarteniente, y del Eminente, el Hablador de los Hombres.

45

He aquí que diremos los nombres de las Casas de los Dioses. Ciertamente, la casa se llamaba con el nombre del dios. Grandísimo Edificio de Pluvioso, [era el] nombre del edificio, de la casa de Pluvioso, de los Cavik. Sembrador, nombre del edificio, de la casa de Sembrador, de los Niha. Volcán, nombre del edificio, de la casa del dios de los Ahau-Quiché. Mansión Florida que se ve en Cahbaha, nombre de otro grandísimo edificio en donde estaba una piedra adorada por los jefes Quichés, y por toda la tribu. La tribu comenzaba el sacrificio ante Pluvioso; en seguida el Consejero, el Consejero Lugarteniente, adoraba también; finalmente se marchaba a ofrecer las plumas, los tributos, ante los jefes. He aquí los jefes que ellos sostenían, que ellos alimentaban; el Consejero, el Consejero Lugarteniente. Ellos habían fundado la ciudad, aquellos grandes jefes, aquellos hombres Sabios, aquellos jefes Sabios, Gucumatz, Cotuha, así como los Sabios jefes Quicab, Cavizimah. Sabían si la guerra se haría. Todo se les manifestaba; veían si habría muerte o hambre o revuelta. Igualmente sabían adonde estaba la manifestación, adonde estaba el Libro llamado por ellos Libro del Consejo. No solamente así era grande la existencia de los jefes, [sino que] grandes también [eran] sus ayunos, como pago de los edificios, como pago del poder por ellos. Largo tiempo ayunaban, sacrificaban ante sus dioses. He aquí su modo de ayunar. Nueve hombres ayunaban; otros nueve sacrificaban, incensaban; trece hombres más ayunaban, y trece sacrificaban, incensaban, ante Pluvioso, ante su dios; no comían más que zapotillos rojos, zapotes matasanos, frutas; no [tenían] tortillas para comer; o diecisiete hombres sacrificaban o diez [y siete] ayunaban; no comían mientras cumplían los grandes preceptos, ese era el signo del ser de los jefes. No tenían esposas con las cuales dormir; permanecían solos, se guardaban de ellas, ayunaban; solamente estaban a diario en la Casa de los Dioses, no haciendo más que adorar, incensar, sacrificar. Allí estaban por la tarde, al alba. Solamente gemían sus corazones, solamente gemían sus vientres, pidiendo la felicidad, la vida, para sus hijos, su prole, y también su potencia, levantando sus rostros al cielo. He aquí su ruego a los dioses cuando pedían, he aquí el gemido de sus corazones: "¡Salve, Bellezas del Día, Maestros Gigantes, Espíritus del Cielo, de la Tierra, Dadores del Amarillo, del Verde, Dadores de Hijas, de Hijos! Volveos [hacia nosotros], esparcid el verde, el amarillo, dad la vida, la existencia, a mis hijos, [a] mi prole. Que sean engendrados, que nazcan vuestros sostenes, vuestros protectores, que os invoquen en el camino, [en] la senda, al borde de los ríos, en los barrancos, bajo los árboles, bajo los bejucos. Dadles hijas, hijos. Que no haya desgracia, ni infortunio. Que la mentira no entre ni detrás de ellos, ni delante de ellos. Que no caigan, que no se hieran, que no se desgarren, que no se quemen. Que no caigan ni hacia arriba del camino, ni hacia abajo del camino. Que no haya obstáculo, peligro, detrás de ellos, delante de ellos. Dadles verdes caminos, verdes sendas. Que no hagan ni su desgracia ni su infortunio vuestra potencia, vuestra hechicería. Que sea buena la vida de vuestros sostenes, de vuestros protectores, ante vuestras bocas, ante vuestros rostros, oh Espíritus del Cielo, ¡oh Espíritus de la Tierra, oh Fuerza Envuelta, oh Pluvioso, Sembrador, Volcán, en el Cielo, en la Tierra, en los cuatro ángulos, en las cuatro extremidades! Mientras exista el alba, mientras exista la tribu, que estén ellos ante vuestras bocas, [ante] vuestros rostros, oh dioses". Así [rogaban] los jefes cuando adentro [de la Casa de los Dioses] ayunaban los nueve hombres, los trece hombres, los diecisiete hombres. Ayunaban durante el día. Sus corazones gemían sobre sus hijos, su prole, y sobre todas las esposas, los engendrados, cuando cada uno de los jefes hacía su oficio. Ese era el precio de su "blanca" vida, el precio de su poder, de aquel poder de Consejero, Consejero Lugarteniente, Eminente, Hablador de los Hombres. De dos en dos entraban [en funciones], se reemplazaban, encargados de la tribu y de todos los hombres Quiché. Única [era] la fuente de su historia, la fuente de su sostén, [de su] alimento. Semejantes eran las acciones de los Tam, de los Iloc, y de los Rabinal, de los Cakche-quel, [de] Los de Tziquinaha, Tuhalaha, Uchabaha; entonces única palabra y oído [había] entre los Quiché cuando hacían todo aquello. No solamente gobernaban así, sino que [además] no ponían aparte los dones de sus sostenes, de sus nutridores, sino que [con ellos] hacían alimentos, bebidas. No les pagaban. Habían ganado, habían arrebatado su poder, su fuerza, su dominación. No solamente se humillaron así los barrancos, las ciudades, [sino que] las tribus pequeñas, las tribus grandes, dieron de buen grado, llevaron jadeítas, llevaron metales preciosos y llevaron ámbar, gigantescos puñados, gigantes con esmeraldas, con piedras preciosas, llegaron verdes guirnaldas; estos tributos de todas las tribus llegaron ante los jefes Sabios Gucumatz, Cotuha, y ante Quicab, Cavizimah, Consejero, Consejero Lugarteniente, [y ante] el Eminente, el Hablador de los Hombres. Ciertamente, aquello no era poca [cosa], y no eran pocas las tribus que [aquellos jefes] habían vencido; de numerosas fracciones de tribus venía el tributo al Quiché: y ellas sintieron, sufrieron padecimiento. [No fue] aprisa, sin embargo, como nació la Fuerza [de aquellos jefes] Gucumatz fue el origen de la grandeza del poder, el comienzo, y el engrandecimiento del Quiché. He aquí que pondremos en orden las generaciones de los jefes con sus nombres.

46

He aquí las generaciones, el orden, de todos los gobiernos que tuvieron su alba en Brujo del Envoltorio, Brujo Nocturno, Guarda-Botín y Brujo Lunar, nuestros primeros abuelos, nuestros primeros padres, cuando se mostró el sol, cuando se mostraron la luna, las estrellas. Así vamos a comenzar las generaciones, el orden de los gobiernos, desde el origen de [su] tronco hasta la entrada [en funciones] de los jefes, y cuando entraba [en posesión del cargo], cuando moría, cada generación de jefes, de abuelos, con la jefatura de toda la ciudad, cada uno de los jefes. He aquí que se manifestará el rostro de cada uno de los jefes quichés.

GRANDES MANSIONES DE LOS CAVIK

Brujo del Envoltorio, origen de los Cavik. Qo Caib, segunda generación, después de Brujo del Envoltorio. Balam Conaché comenzó [las funciones de] Consejero; tercera generación. Cotuha, Ztayul, cuarta generación. Gucumatz, Cotuha, principio de los jefes Sabios, constituyeron la quinta generación. Tepepul, Ztayul, sexto orden. Quicab Cavizimah, el séptimo cambio del poder; igualmente Sabios. Tepepul e Iztayub, octava generación. Tecum, Tepepul, novena generación de jefes. Vahxaki-Caam, Quicab, décima generación de jefes. Vukub-Noh, Cavatepech undécimo grado de jefes. Oxib-Quieh, Beleheb-Tzi, duodécima generación de jefes; gobernaban cuando vino Donadiú; fueron ahorcados por el jefe Caxtilan. Tecum, Tepepul, fueron tributarios ante los hombres Caxtilan; dejaron hijos; decimotercia generación de jefes. Don Juan de Rojas, don Juan Cortés, decimocuarta generación, fueron engendrados por Tecum, Tepepul. He ahí las generaciones, el orden, del gobierno de los jefes Consejero, Consejero Lugarteniente, ante la faz de los Cavik-Quiché. He aquí que mencionaremos otra vez los clanes. He aquí las Grandes Mansiones de cada uno de los jefes después del Consejero, del Consejero Lugarteniente; he aquí como se llamaban las nueve Grandes Mansiones y los nombres de las jefaturas de cada Gran Mansión. Jefe Consejero, [jefe supremo de Gran Mansión: Cu Ha, nombre de la Gran Mansión. Jefe Consejero Lugarteniente: Tziquiná, nombre de la Gran Mansión [de la cual era jefe supremo]. Gran Elegido de los Cavek. [jefe] supremo de Gran Mansión. Jefe El de Pluvioso, [jefe] supremo de Gran Mansión. Jefe El de los Poderes del Cielo, [jefe] supremo de Gran Mansión. Hombre del Consejo de Chituy [jefe; supremo de Gran Mansión. Colector de Impuestos de Quehnay, [jefe] supremo de Gran Mansión. Hombre del Consejo en la Sala [del juego] de Pelota de Tzalatz-Xcuhxeha, [jefe supremo de Gran Mansión. Dominador de los Extranjeros, [jefe] supremo de Gran Mansión. Tales son los nombres de los clanes de los Cavik. Numerosos los hijos, los engendrados, detrás de esas nueve Grandes Mansiones.

GRANDES MANSIONES DE LOS NIHA

He aquí las nueve Grandes Mansiones de los Niha. Mencionaremos primero las generaciones de su gobierno. Único fue el tronco, el origen, antes del nacimiento del día, del nacimiento del alba, para los hombres. Brujo Nocturno, primer abuelo, padre. Qo-Acul, Qo-Acutec, segunda generación. Qo-Chahuh, Qo-Tzibaha, tercera generación. Beleheb Gih, cuarta generación. Cotuha, quinta generación de jefe. Batza, sexta generación. Ztayul, en seguida, séptima generación. Cotuha, octavo orden de gobierno. Beleheb Gih, noveno grado. Quema, así llamado, décima generación. Ahau-Cotuha, undécima generación. Don Christóval, así llamado, gobernó ante la faz de los hombres Caxtilan. Don Pedro de Robles, Jefe Eminente, ahora. Éstos son todos los jefes habidos sucesivamente [como] Jefes Eminentes. Así diremos ya la jefatura de cada Gran Mansión. Jefe Eminente, el primer jefe ante los Niha, [jefe] supremo de Gran Mansión. Jefe Hablador de los Hombres [jefe] supremo de Gran Mansión. Jefe Eminente Lugarteniente, [jefe] supremo de Gran Mansión. Gran Lugarteniente [jefe] supremo de Gran Mansión. Orador Lugarteniente, [jefe] supremo de Gran Mansión. Gran Elegido de los Niha, [jefe] supremo de Gran Mansión. Jefe [El de] Sembrador, [jefe] supremo de Gran Mansión. Jefe de los Festines, [jefe] supremo de Gran Mansión. Gran Colector de Impuestos de Yeoltux, [jefe] supremo de Gran Mansión. Estas son las Grandes Mansiones de la faz de los Niha, estas son los nombres de los clanes de los Niha. Numerosos [son] también los hombres de los clanes de cada uno de los jefes de quienes revelamos primero los nombres.

GRANDES MANSIONES DE LOS AHAU-QUICHÉ

Así también a los de los Ahau-Quiché. Así al abuelo, al padre: Guarda-Botín, primer hombre. Qo-Ahau, nombre del jefe de la segunda generación. Caklacán. Qo-Cozom. Comahcun. Vukub-Ah. Qo-Camel. Coyabacoh. Vinak-Bam. Tales son los jefes ante la faz de los Ahau-Quiché, y tales [son] las generaciones, los grados. He aquí los nombres [de los títulos] de los jefes en las Grandes Mansiones; cuatro Grandes Mansiones sólo: Hablador de los Hombres, nombre del primer jefe, [jefe] supremo de Gran Mansión. Colector de Impuestos de los Ahau [Quiché], segundo jefe, [jefe] supremo de Gran Mansión. Gran Elegido, de los Ahau [Quiché], tercer jefe, [jefe] supremo de Gran Mansión. [El de] Volcán, cuarto jefe, [jefe] supremo de Gran Mansión. Así cuatro Grandes Mansiones de la faz de los Ahau-Quiché. Había pues tres Grandes Elegidos como padres, nombrados por todos los jefes quichés. Juntos se reunían los tres Elegidos, aquellos engendradores, aquellas madres, de la palabra, aquellos padres de la palabra. Bastante grande [era] el ser de los tres Elegidos. [El primero], Gran Elegido ante la faz de los Niha; el segundo. Gran Elegido de los Ahau [Quiché], ante la faz de los Ahau-Quiché; el tercero, Gran Elegido [de los Cavek]; tres Elegidos, cada uno ante la faz de su clan. Tal fue la existencia del Quiché, porque ya no hay, está perdido aquello que hacía ver lo que fueron antaño los primeros jefes. Así, pues, es el fin de todo el Quiché llamado Santa Cruz.

FIN

Chilam Balam

I. CRÓNICA DE LOS ANTEPASADOS

...el primer hombre de la familia Canul. La calabaza blanca, la hierba y el palo mulato son su enramada... El palo de Campeche es la choza de Yaxum, el primer hombre del linaje Cauich.

El Señor del Sur es el tronco del linaje del gran Uc. Xkantacay es su nombre. Y es el tronco del linaje de Ah Puch.

Nueve ríos lo preservan. Nueve montañas lo preservan.

El pedernal rojo es la sagrada piedra de Ah Chac Mucen Cab. La Madre Ceiba Roja, su Centro Escondido, está en el Oriente. El chacalpucté es el árbol de ellos. Suyos son el zapote rojo y los bejucos rojos. Los pavos rojos de cresta amarilla son sus pavos. El maíz rojo y tostado es su maíz.

El pedernal negro es la piedra del Poniente. La Madre Ceiba Negra es su Centro Escondido. El maíz pinto es su maíz. El camote de pezón negro es su camote. Las palomas negras silvestres son sus pavos. El akab chan (variedad de maíz) es su maíz. El frijol negro es su frijol. El frijol lima negro es su frijol.

El pedernal amarillo es la piedra del Sur. La Madre Ceiba Amarilla es su Centro Escondido. El pucté amarillo es su árbol. El pucté amarillo es su camote. Las palomas silvestres amarillas son sus pavos. El maíz amarillo es su mazorca.

El Once Ahau es el Katún en que aconteció que tomaron posesión de los lugares. Y empezó a venir Ah Ppisté. Este Ah Ppisté era el medidor de la tierra Y entonces vino Chacté Abán, a buscar sus lugares de descanso y fin de sus jornadas.

Y vino Uac Habnal a marcar las medidas con señales de hierba, mientras venía Miscit Ahau a limpiar las tierras medidas, y mientras, venía Ah Ppisul, el medidor, el cual medía amplios lugares de descanso.

Fue cuando se establecieron los jefes de los rumbos Ix Noh Uc, Jefe del Oriente. Ox Tocoy Moo, Jefe del Oriente. Ox Pauah, Jefe del Oriente. Ah Mis, Jefe del Oriente.

Batún, Jefe del Norte. Ah Puch, Jefe del Norte. Balamná, Jefe del Norte. Aké, Jefe del Norte. Kan, Jefe del Poniente. Ah Chab, Jefe del Poniente. Ah Uucuch, Jefe del Poniente. Ah Yamás, Jefe del Sur. Ah Puch, Jefe del Sur. Cauich, Jefe del Sur. Ah Couoh, Jefe del Sur. Ah Puc, Jefe del Sur. La gran Abeja Roja es la que está en el Oriente. Las flores de corola roja son sus jícaras. La flor encarnada es su flor. La gran Abeja Blanca es la que está en el Norte. Las flores de corola blanca son sus jícaras. La flor blanca es su flor. La gran Abeja Negra es la que está en el Poniente. El lirio negro es su jícara. La flor negra es su flor. La gran Abeja Amarilla es la que está en el Sur. La flor amarilla es su jícara. La flor amarilla es su flor.

Entonces se multiplicó la muchedumbre de los hijos de las abejas, en la pequeña Cuzamil. Y allí fue la flor de la miel, la jícara de la miel y el primer colmenar y el corazón de la tierra.

Kim Pauah era el gran sacerdote, el que gobernaba el ejército de los guerreros y era el guardián de Ah Hulneb, en el altar de Cuzamil. Y de Ah Yax Ac-chinab y de Kinich Kakmó.

A Ah-Itz-tzim-thul chac adoraban en Ich-caan-sihó los de Uayom Chchichch. Eran sacerdotes en Ich-caan-sihó, Canul, IxPop-ti-Balam, los dos Ah Kin Chablé. Su Rey era Cabal-Xiú.

Los sacerdotes de Uxmal reverenciaban a Chac, los sacerdotes del tiempo antiguo. Y fue traído Hapai-Can en el barco de los Chan. Cuando éste llegó, se marcaron con sangre las paredes de Uxmal.

Entonces fue sustraída la Serpiente de Vida de Chac-xib-chac.. Y la Serpiente de Vida de Ek-yuuan-chac fue robada también.

IxSac-belis era el nombre de la abuela de ellos. Chac-ek-yuuan-chac era su padre. Hun-yuuan-chac el hermano menor.

Uoh-Puc era su nombre. Esto se escribió: «Uoh», en la palma de su mano, debajo de su garganta. Y en la planta de su pie. Y se escribió en el brazo de Ah Uoh-Pucil.

No eran dioses. Eran gigantes.

Sólo al verdadero dios Gran Padre adoraban en la lengua de la sabiduría en Mayapán. Ah Kin Cobá era sacerdote dentro de las murallas. Tzulim Chan en el Poniente. Nauat era el guardián en la puerta de la fortaleza del Sur. Couoh era el guardián en la puerta de la fortaleza del Oriente. Ah-Ek era otro de sus señores. He aquí su Señor: Ah Tapai Nok. Cauich era el nombre de su Halach-Uinic, Hunacce-el, el servidor de Ah Mex-cuc.

Y éste solicitó entonces una flor entera. Y solicitó una estera blanca, dos vestidos, pavos azules, su lazo de caza y también vasijas.

Y de allí salieron y llegaron a Ppole. Allí crecieron los Itzaes y tuvieron por madre a Ix-Ppol.

He aquí que llegaron a Aké. Allí les nacieron hijos, se nutrieron. Aké es el nombre de este lugar, decían.

Entonces llegaron a Alaa. Alaa es el nombre de este lugar, decían. Y vinieron a Kanholá y a Tixchel. Allí se elevó su lenguaje, y subió su conocimiento. Y entonces llegaron a Ninum. Allí aumentó su lengua, y aumento el saber de los Itzaes. Y llegaron a Chikin-dzonot. Allí se volvieron sus rostros al Poniente. Chikin-dzonot es el nombre de este lugar, decían. Y llegaron a Tzuc-op. Allí se dividieron en grupos, bajo un árbol de anona. Tzuc-op es el nombre de este lugar.

Y llegaron a Tah-cab, donde recogían miel los Itzaes, para que fuera bebida por la Imagen del Sol. Y se recogió miel y fue bebida. Cabilnebá es su nombre.

Y llegaron a Kikil. Allí se enfermaron de disentería. Kikil es el nombre de este lugar, señalaron.

Y llegaron a Panab-haá. Allí cavaron buscando agua. Y cuando vinieron de allí, recargaron sus cargas con agua, de lo profundo. Y llegaron a Yalsihón. Yalsihón es el nombre de este lugar, que se pobló. Y llegaron a Xppitah, pueblo también. Y entonces llegaron a Kancab-dzonot. De allí salieron y llegaron a Dzulá. Y vinieron a Pib-hal-dzonot. Y llegaron a Tah-aac, que así se llama.

Y vinieron al lugar que es nombrado T-Cooh. Allí compraron palabras a precio caro, allí compraron sabiduría. Ti-Cooh es el nombre de este lugar.

Y llegaron a Tikal. Allí se encerraron. Tikal es el nombre de este lugar.

Y vinieron a Ti-maax. Allí se magullaron a golpes unos a otros los guerreros. Y llegaron a Buc-Tzotz. Allí vistieron los cabellos de sus cabezas. Buctzotz se llama este lugar, decían. Y llegaron a Dzidzontun. Allí empezaron a conquistar tierras. Dzidholtun es el nombre de este lugar.

Y llegaron a Yobain. Allí fueron transformados en caimanes por su abuelo Ah Yamás, Señor de la orilla del mar.

Y llegaron a Sinanché. Allí fueron encantados por el mal espíritu nombrado Sinanché.

Y llegaron al pueblo de Chac. Y llegaron a Dzeuc y Pisilbá, pueblos de parientes. Y a otro, a donde habían llegado sus abuelos. Allí se templaron sus ánimos. Dzemul es el nombre de este lugar.

Y llegaron a Kini, lugar de Xkil, Itzam-Pech y Xdzeuc, sus allegados. Cuando llegaron a Chibicnal, donde estaban Xkil e Itzam-Pech, era tiempo de sufrimiento para ellos.

Y llegaron a Baca. Allí les cayó el agua. Baca es aquí, manifestaban.

Y llegaron a Sabacnail, lugar de sus antepasados, troncos de la casta de Ah-Na. Los Chel-Na eran sus antepasados.

Cuando llegaron a Benaa recordaron su origen materno.

Y vinieron a Ixil. Y fueron a Chulul. Y llegaron a Chi-

chicaan. Y entonces fueron a Holtún-Chablé. Y vinieron a Itzamná. Y vinieron a Chubulná. Y llegaron a Caucel. Allí el frío les invadió. «Cá-ú-ceel» (cuando se produjo el frío o la turbación) es aquí, confesaban. Y entonces llegaron a Ucú. Allí dijeron: Yá-ú-cú (le duele el codo).

Y fueron a Hunucmá. Y llegaron a Kinchil. Y fueron a Kaná. Y llegaron a Xpetón, pueblo. Y a Sahabbalam. Y a Tah-cum-chakán. Y a Balché. Y a Uxmal.

De allí salieron y llegaron a Yubak. Y llegaron a Munaa. Allí se hizo tierno su lenguaje y se hizo suave su saber.

Y fueron a Ox-loch-hok, a Chac-Akal, a Xocné-ceh. El venado era su genio tutelar cuando llegaron. Y fueron a Ppustunich. Y a Pucnal-Chac. Y a Ppenkuyut. Y a Paxueuet. Y llegaron a Xayá. Y al lugar nombrado Tistis. Y a Chican. Y a Tix-meuac. Y a Hunacthi. Y a Tzalis. Y a Musbulná. Y a Tizáa. Y a Lop. Y a Cheemi-uán. Y a Ox-cah-uanká. Y fueron a Sacbacel-caan. Cuando llegaron a Cetelac ya estaban completados los nombres de los pueblos que no lo tenían, y los de los pozos, para que pudiera saber por dónde habían pasado caminando para comprobar si era buena la tierra y si se establecían en estos lugares. El «ordenamiento de la tierra» decían que denominaban esto. Nuestro Padre Dios fue el que ordenó esta tierra. Él creó todas las cosas del mundo y las ordenó. Y aquellos pusieron nombre al país y a los pueblos, y pusieron nombre a los pozos en donde se establecían y a las tierras altas que poblaban y a los campos en que hacían sus moradas. Porque nunca nadie había llegado aquí, a la «garganta de la Tierra», cuando nosotros llegamos. Subinché. Kaua. Cum-canul. Tie-em-tun. Allí bajaron piedras preciosas. Sizal. Sacií. Ti-dzoc. Y acabó el curso del Katún. Timocón. Popolá. Se tendió la estera del Katún. Pixoy. Uayum-háa. Sacbacam. Tinum. Se dieron nuevas los unos a los otros. Timacal. Popolá. Ordenaron la estera del Katún. Tximaculum, hicieron oculto su lenguaje.

Dzitháás. Honkauil. Tixmex. Kochilá. Tix-xocen. Chumpak. Pibahul. Tunkáás. Haaltunhá. Kuxhilá. Dzidzilché. Ti-cool. Sitilpech. Chalanté. Allí descansó su espíritu.

Itzam-thulil. Tipakab. Allí hicieron siembras. Tiyá, Consahcab. Dzidzomtun. Lo mismo que sus antepasados, asentaron pie de vencedores y conquistaron las Puertas de Piedra. Popolá, al Sur de Sinanché, para venir a Muci y al pozo de Sac-nicté y a Sodzil. Aquí, en donde marcaron el límite del Katún, es el lugar nombrado Mutumut, que es aquí en Mutul Muxupip Aké Hoctun y se detuvieron al pie de la piedra. Xoc-chchel Boh. Sac-cab-há. Tzanlahcat. Human. Allí retumbó la palabra sobre ellos, allí sonó su fama. Chalamté. Pacaxuá. Este es el nombre aquí, decían. Tekit. Allí se dispersaron los restos de los Itzaes.

Yokol-Cheen. Ppupulní-huh. Las iguanas eran sus genios cuando salieron allí. Dzodzil. Tiab. Bitun-chochen. Sucedió que entraron a Tipikal, nombre de este pozo. Y sucedió que allí se hicieron más numerosos. Y fueron a Pochuh. Este es el nombre del pozo en que sucedió que asaron iguanas. Y fueron a Maní. Allí olvidaron su lengua.

Y alcanzaron Dzam. Allí estuvieron tres días sumergidos en el agua. Y fueron a Ti-cul. Sac-lum-chchen. Tixtohilchcheén. Allí fueron saludables. Y fueron a Balamkin, la tierra de los sacerdotes. A Cchcheen-chchomac, a Sacniteeldzonot, a Yaxcab, Umán, Oxcum, Sanhil, y a Ich-caan-sihó. Y a Noh-pat, el lugar de la Gran Madre; a Poychéná, a Chulul. Y llegaron entonces a Titz-luum-Cumkal. Allí cesaron de filtrarse sus ollas. Yaxkukul. Tixkokob. Cucá… Ekol. Ekol es el nombre del pozo. Tixueuée es el nombre el pozo aquí. Su rumor llegó a ellos de pronto. A Kanimal. A Xkaan. Allí, en antiguos tiempos, el Señor de Xul meció su hamaca. Holtun Aké. Acanceb. Ti-cooh. Ticha-hil. Y a la grande Mayapán, la que está dentro de murallas y sobre el agua.

Y fueron a Nabulá. Tixmucuy. Tixkanhub. Dzoyilá. Y llegaron a Tí-sip. Allí sazonó su lenguaje, allí adornó su conocimiento.

Y comenzaron a fundar tierras los Señores. Allí estaba Ah-kin-Palon-cab y estaba el Sacerdote nombrado Mutec-pul. Este sacerdote Palon Cab era Ah May. Este sacerdote Mutec-pul, era Guardián de Uayom Chchichch y también de Nunil. Y los dos Ah-kin-chablé, de Ich-caan-sihó. Y Holtun Balam, el hijo del que soltó el Yaxum en la llanura.

Allí entonces llegaron otros Señores. Estos Señores, ¿eran «iguales en voz» a los dioses?. En el Once Ahau pasó esto. Y entonces fundaron sus pueblos y fundaron sus tierras y se establecieron en Ich-caan-sihó. Y entonces bajaron allí los de Holtun-Aké. Y los de Sabacnail. Y así fueron llegando y reuniéndose los Señores. Estos de Sabacnail tenían por tronco de linaje a Ah Ná. Y entonces congregaron todos en Ichcaansihó. Allí estaba Ix-Pop-ti-Balam, allí su rey Holtun-Balam..., Dzoy... tronco del linaje de Couoh... y los Xíues, Tloual, también. Y el Señor Chacté, de la tierra de los Chacté, los gobernaba. Teppan-quis era sacerdote de Ichtab y de Ah-Ppisté, el que midió las tierras. Y he aquí que midió de las tierras que medía, siete medidas (leguas) de tierra de los mayas. Entonces fueron instalados los mojones de las tierras por Ah Cunté. Los mojones de Ah Mis se encontraban en las tierras barridas por Miscit Ahau. Y así fueron fundadas las tierras de ellos, las tierras regadas. Entonces fue que amaneció para ellos. Nuevo Señor, nuevo despertar de la tierra.

Se empezó a cobrarles tributo en Chichén. En hilo de algodón llegaba antiguamente el tributo de los Cuatro Hombres. El Once Ahau es el nombre del Katún en que ocurrió.

Allí se midió el tributo y se vio que era suficiente el conjunto del que había desde el tiempo antiguo. Y entonces ocurrió que era bajo el tributo de Holtun-Suhuy-uá. Y se vio que era suficiente. Sucedió entonces cuando «se igualó su hablar». Esto sucedió en el Trece Ahau Katún.

Allí recibían el tributo los Grandes Señores. Y entonces comenzaron a reverenciar su majestad. Y comenzaron a tenerlos como dioses. Y comenzaron a servirlos. Y sucedió que llegaron a llevarlos en andas. Y comenzaron a arrojarlos al pozo para que los señores oyeran su Voz. Su Voz no era igual a las otras voces.

Aquel Cauich, un Hunacceel que era Cauich del nombre de su familia, he aquí que estiraba la garganta, a la orilla del pozo, por el lado del Sur. Entonces fueron a recogerlo. Y entonces salió lo último de su Voz. Y comenzó a recibirse su Voz. Y empezó su mandato. Y se empezó a decir que era Ahau. Y se asentó en el lugar de los Ahau, por obra de ellos. Y se empezó a decir que antes era Halach-Uinic, y no Ahau; que era sólo el precursor de Ah Mex Cuc. Y se dijo que era un Ahau porque era el hijo adoptivo de Ah Mex Cuc. Que un águila había sido su madre y que había sido encontrado en una montaña, y que desde entonces se comenzó a obedecerle como Ahau. Tal era lo que de él se contaba.

Entonces se comenzó a levantar la Casa Alta para los Señores y a construir la escalera de piedra. Él se sentó en la Casa de Arriba, entre los Trece Ahau, llenos de majestad.

Y comenzó a llegar la Ley, la Gloria y el Tiempo de Ah Mex Cuc, del que así era el nombre cuando lo trajo.

Cercano, pues, el día de Ah Mex Cuc se comenzó a tenerlo como Padre y a reverenciar su nombre. Y entonces fue adorado y fue servido en Chichén. Chi-chén Itzá es su nombre, porque allí fue a dar Itzá, cuando se tragó la Piedra Sagrada de la Tierra, la Piedra de la Fuerza del antiguo Itzá. La tragó y fue adentro del agua. Y entonces empezó a entrar la amargura en Chichén Itzá. Y entonces él fue al Oriente, y llegó a la casa de Ah Kin Cobá. Venía ya el Ocho Ahau Katún. Ocho Ahau es el nombre del Katún que regía cuando salió el cambio del Katún y de los Ahaues. «¡Ha crecido nuestro dios!», decían sus sacerdotes (los del Sol). Y entonces introdujeron días al año. «He aquí que vienen abundantes soles», decían. Y ardieron las pezuñas de los animales, y ardió la orilla del mar. «¡Este es el mar de la amargura!», decían arriba, decían ellos. Y fue mordido el rostro del Sol. Y se obscureció y se apagó su rostro. Y entonces se espantaron arriba. «¡Se ha quemado! ¡Ha muerto nuestro dios!», decían sus sacerdotes. Y empezaban a pensar en hacer una pintura de la figura del Sol, cuando tembló la tierra y vieron la Luna. Y entonces vinieron los dioses Escarabajos, los deshonestos, los que metieron el pecado entre nosotros, los que eran el lodo de la tierra.

Cuando vinieron, iba acabando el Katún. «El Katún Maldito», aquel en que fue ordenado: «¡Cuidado con lo que habláis, así seáis los señores de esta tierra!»

Cuando entró el tiempo del Katún siguiente, acabado el Katún en que vinieron los deshonestos, se vio la muchedumbre de sus guerreros. Y comenzó su aniquilación. Y se levantaron horcas para que murieran. Y Ox-halal-chan empezó a asaltarlos. Y se comenzó a invocar a los dioses del país. Y se derramó su sangre, y fueron cogidos por los Señores de los Venados... y entonces se asustaron... y se acabó la lucha.

II LAMENTACIONES EN UN KATÚN AHAU

El Once Ahau Katún se asienta en su estera, en su trono. Allí se levanta su voz, se yergue su señorío. El rostro de su dios despide rayos.

Bajan hojas del cielo, bajan del cielo arcos floridos. Celestial es su perfume. Suenan las músicas, las sonajas del Once Ahau. Entra al atardecer y cubre muy alegre con su palio al sol, que hay en Sulim cham, que hay en Chikinputún. Se comerán árboles, se comerán piedras, se perderá todo sustento dentro del Once Ahau Katún.

En el Once Ahau se comienza la cuenta, porque en este Katún se estaba cuando llegaron los Dzules, los que venían del Oriente. Entonces empezó el cristianismo también. Por el Oriente acaba su curso. Ichcaansihó es el asiento del Katún.

Esta es la memoria de las cosas que pasaron y que hicieron. Ya todo finalizó. Ellos hablan con sus propias palabras y así acaso no todo se entienda en su significado; pero rectamente, tal como ocurrió todo, así está escrito muy bien. Y tal vez no será malo. No es malo todo cuanto está escrito. No hay escrito mucho sobre sus traiciones y sus alianzas. Así el pueblo de los divinos Itzaes, así los de la gran Itzmal, los de la gran Aké, los de la gran Uxmal, así los de la gran Ichcaansihó. Así los nombrados Couoh también.

Ciertamente muchos eran sus «Verdaderos Hombres». No para vender traiciones gustaban de unirse unos con otros: pero no está a la vista todo lo que hay dentro de esto, ni cuánto ha de ser revelado. Los que lo saben vienen del gran linaje de nosotros, los hombres mayas. Esos sabrán el significado de lo que hay aquí cuando lo lean. Y entonces lo verán y lo explicarán y serán claros los oscuros signos del Katún. Porque ellos son los sacerdotes. Los sacerdotes se acabaron, pero no se acabó su nombre, antiguo como ellos.

Sólo por el tiempo loco, por los locos sacerdotes, fue que entró a nosotros la tristeza, que entró a nosotros el «Cristianismo». Porque los «muy cristianos» llegaron aquí con el verdadero Dios; pero ese fue el inicio de la miseria nuestra, el comienzo del tributo, el inicio de la «limosna», la causa de que saliera la discordia escondida, el principio de las peleas con armas de fuego, el inicio de los atropellos, el comienzo de los despojos de todo, el de la esclavitud por las deudas, el de las deudas pegadas a las espaldas, el de la continua reyerta, el del padecimiento. Fue el principio de la obra de los españoles y de los «padres», el de los caciques, los maestros de escuela y los fiscales.

¡Qué porqué eran niños pequeños los muchachos de los pueblos, y mientras, se les martirizaba! ¡Desgraciados los pobrecitos! Los infelices no protestaban contra el que a su gusto los esclavizaba, el Anticristo sobre la tierra, puma de los pueblos, gato montés, chupador del pobre indio. Pero llegará el día en que lleguen hasta Dios las lágrimas de sus ojos y baje la justicia de Dios de un golpe sobre el mundo.

¡Ciertamente es la voluntad de Dios que regresen Ah-Kantenal e Ix-Pucyolá, para arrojarlos de la superficie de la Tierra!

III EL FINAL DEL TIEMPO ANTIGUO

En el año de 1541 de los Dzules.

el día 5 Ik 2 Chen.

He aquí la memoria que escribí. Hace veinte Katunes y quince Katunes más que las pirámides fueron construidas por los herejes. Grandes hombres fueron los que las levantaron. Y los restos de su linaje huyeron. Cartabona es el nombre de la tierra en donde ahora están. Allí estaban cuando llegó San Bernabé y enseñó que debían matarlos, porque eran hombres herejes. Este es el nombre de su linaje.

* * *

1556. La diferencia hoy son 15 años. He aquí lo que escribí: Los grandes templos fueron levantados por los nobles antepasados, y sus reyes hicieron cosas de gran renombre. Durante trece Katunes y seis años más estuvieron levantando las pirámides, los que las construían en el tiempo antiguo. Desde el principio de las pirámides, hicieron quince veces cuatrocientas veintenas de ellas y cincuenta más, en su cuenta en total. Las pirámides construidas llenaron toda la tierra del país, desde el mar hasta el centro de él. Y dejaron sus nombres y los de los pozos. Entonces fue que su religión fue compuesta por Dios.

¡Y ardió por el fuego del pueblo de Israel y los profetas! ¡La memoria de los Katunes y los años fue tragada en la luna roja! ¡Roja luna borra de la Tierra la estirpe de los Tutulxiú!

* * *

Memoria de los Katunes y de los años en que fue por primera vez conquistada la tierra de Yucatán por los Dzules, hombres blancos. Que dentro del Once Ahau Katún ocurrió que se apoderaron de «la puerta del agua», Ecab. Llegaron del Oriente. Cuando lo hicieron, dicen que su primer almuerzo fue de anonas. Esa fue la causa de que se les llamara «extranjeros comedores de anonas». «Señores extranjeros chupadores de anonas». Así los nombraron los habitantes del pueblo que conquistaron: los de Ecab. Nacom Balam es el nombre del primer vencido, en Ecab, por el primer capitán Don Juan de Montejo, conquistador, pionero aquí en el país de Yucatán. En este mismo Katún sucedió que llegaron a Ichcaansihó.

En el año 1513, en el Trece Ahau Katún aconteció que conquistaron Campeche. Un Katún estuvo allí. El sacerdote Camal, de Campeche, metió a los extranjeros en el país.

* * *

Fue en 20 de agosto del año 1541. Marqué los nombres de los años en que empezó el Cristianismo.

1519. Cumplidos cincuenta y un años después, hubo acuerdo con los extranjeros. Eso es lo que pagáis. Se levantó la guerra entre los blancos y los otros hombres de aquí de los pueblos, los que eran capitanes de los pueblos anteriormente.

* * *

He aquí lo que he recogido: En el año de 1541, fue la primera llegada de los Dzules, los extranjeros, por el Oriente, a Ecab, que así es su nombre. El año en que llegaron a la «puerta del agua», Ecab, pueblo de Nacom Balam, era el primer principio de los días de los años y del Katún del Once Ahau Katún. Quince veintenas de años antes de que llegaran los Dzules fue la dispersión de los Itzaes. Fue abandonada la ciudad de Sac-lah-tun, arruinada la ciudad de Kinchil-Cobá, destruida Chichén Itzá y fue abandonada la ciudad de Uxmal, y la que está al Sur de la ciudad de Uxmal nombrada Cib, y también Kabah. Y resultaron destruidas también Seyé, y Pakam, y Homtún, y la ciudad de Tix-calom-kin, y Aké, las de las puertas de piedra. Y fue abandonada la ciudad adonde baja la lluvia del rocío, Etzemal.

Allí bajó el hijo del verdadero Dios, Señor del cielo, Rey, Virgen Milagrosa. Y dijo el Rey: Bajen las rodelas de Kinich-Kakmó. Ya no puede reinar aquí. Pero queda el Milagroso y Misericordioso. Bajaron cuerdas, bajaron cíngulos venidos del cielo. Bajó su voz, venida del cielo. Y entonces fue reverenciada su divinidad por los demás pueblos, que dijeron que eran vanos los dioses de Emmal. Y entonces marcharon los grandes Itzaes.

Trece veces cuatrocientas veces cuatrocientos millares y quince veces cuatrocientos centenares más, su éxodo, los ancianos jefes de los herejes Itzaes. He aquí que se fueron. También sus discípulos fueron tras ellos en gran número y les mantenían.

Trece medidas de maíz, y nueve medidas y tres puñados de grano, para cada uno, fue su ración. Y muchos pequeños pueblos, con sus dioses familiares delante, fueron tras ellos también.

No quisieron aguardar a los Dzules, ni a su cristianismo. No desearon pagar tributo. Los espíritus señores de los pájaros, los espíritus señores de las piedras preciosas, de las piedras labradas, de los tigres, los guiaban y los protegían. ¡Mil seiscientos años y trescientos años más y habría de llegar el fin de su vida! Porque sabían en ellos mismos la medida de su tiempo.

Toda luna, todo año, todo día, todo viento, camina y pasa también. También toda sangre se remansa, como llega a su poder y a su trono. Medido estaba el tiempo en que pudieran elevar sus plegarias. Medido estaba el tiempo en que pudieran recordar los días felices. En que mirara sobre ellos la celosía de las estrellas, de donde, velando por ellos, los contemplaban los dioses que están aprisionados en las estrellas. Entonces todo era bueno.

Había en ellos sabiduría. No había entonces pecado. Había santa devoción en ellos. Sanos vivían. No había entonces enfermedad; no había dolor de huesos; ni fiebre para ellos, ni viruelas, ni ardor de pecho, ni dolor de vientre, ni agotamiento. Rectamente erguido iba su cuerpo, entonces.

Pero llegaron los Dzules y todo lo desmontaron. Ellos enseñaron el miedo; y provocaron a marchitar las flores. Para que su flor viviese, dañaron y sorbieron la flor de los otros. Mataron la flor de Nacxit Xuchitl.

No había ya buenos sacerdotes que nos enseñaran. Ese es el origen del asiento del segundo tiempo, del reinado. Y es también la causa de nuestra muerte. No teníamos buenos sacerdotes, no teníamos sabiduría, y al fin se perdió el valor y la vergüenza. Y todos fueron iguales.

No había Alto Conocimiento, ni Sagrado Lenguaje, ni Divina Enseñanza en los sustitutos de los dioses que llegaron aquí. ¡Castrar al Sol! Eso vinieron a hacer aquí los extranjeros. Y he aquí que quedaron los hijos de sus hijos en medio de las gentes, que sólo reciben su miseria.

Sucede que tienen rencor estos Dzules, porque los Itzaes tres veces fueron a atacarlos a causa de que hace sesenta años les quitaron nuestro tributo, porque desde hace tiempo están predispuestos contra estos hombres Itzaes. No, nosotros lo hicimos y nosotros lo pagamos hoy. Tal vez por el Concierto que hay ahora esto acabe en que haya concordia entre nosotros y los Dzules. Si no es así, vamos a tener una gran guerra.

IV NOTAS CALENDÁRICAS Y ASTRONÓMICAS

Katún

El principio del Once Ahau .... 1513 años

Ya acabó.

Empezó Hoil en .... 1519 años
Se fundó San Francisco en Santiago de Mérida ... 1519 años
Se fundó en medio de la ciudad la
Iglesia Mayor, en el año de 1541
Meses dentro del año 12
Días seguidos dentro de un año 365
Noches seguidas dentro de un año 365
Fila de las semanas dentro de un año .... 52 y un día
Fila de los domingos dentro de un año 53
Días seguidos dentro de los seis meses
desde el principio 181
Días seguidos dentro de seis meses en
la segunda parte, para completar un año 184

Días que cuenta la semana 7

Esta es la cuenta.

Serie de los meses dentro de un año

Poop .... 16 de julio
Uoo .... 5 de agosto
Zip .... 25 de agosto
Zods Zec .... 4 de octubre
Xul .... 24 de octubre. Es cuando ovan los peces.
Dze-ya-kin ... 13 de noviembre. Es cuando se doblan las cañas del maíz.
Mol .... 3 de diciembre
Chchén .... 23 de diciembre
Yaax .... 12 de enero. Es buen tiempo para cosechar
Zac ... 1 de febrero. Es cuando florecen las flores blancas
Ceeh .... 21 de febrero
Mac .... 13 de marzo. Es cuando ovan las tortugas
Kan-kin .... 2 de abril
Muan ... 22 de abril. Se detiene la carrera del sol en la cintura del cielo.
Paax .... 12 de mayo
Kayab .... 1 de junio
Cum-kú .... 21 de junio

Chumayel 28, nació su ahijada Micaela Castañeda.
Los uayeyab (los días «duendes» del año), son cinco.

Cuando va a llegar el día once de junio se alargan los días. Cuando va a llegar el día trece de septiembre, son muy iguales el día y la noche. Cuando va a llegar el día doce de diciembre se acorta el día y se hace larga la noche. Cuando va a llegar el día diez de marzo, son iguales el día y la noche.

He aquí el círculo que está en medio, el que es blanco. Significa que es por donde va el curso del Sol. Las dobles ruedas de alrededor, las negras, significan que la cara del Sol va sobre la grande negra y baja a la pequeña negra. Asimismo, es igual como va y como camina, aquí también en el mundo sobre la Tierra. Y así es como se ve en toda la extensión del país la marcha del Sol. Coge para caminar una verdadera jícara alargada y entra en ella por la parte más grande, que es la orilla de la Tierra. Así es el Kahlay del Sol, como conoce aquí en esta tierra.

Diagrama que representa un eclipse de Sol

A los hombres les parece que a sus lados está ese medio círculo en que se retrata cómo es mordido el Sol. He aquí que es el que está en medio. Lo que lo muerde, es que se empareja con la Luna, que camina atraída por él, antes de morderlo. Llega por su camino al norte, grande, y entonces se hacen uno y se muerden el Sol y la Luna, antes de llegar al «tronco del Sol». Se explica para que sepan los hombres mayas qué es lo que ocurre al Sol y a la Luna.

Eclipse de Luna. No es que sea mordida. Se interpone con el Sol, a un lado de la tierra.

Eclipse de Sol. No es que sea mordido. Se interpone con la Luna, a un lado de la tierra.

Esto es señal que da Dios de que se igualan; pero no se muerden.

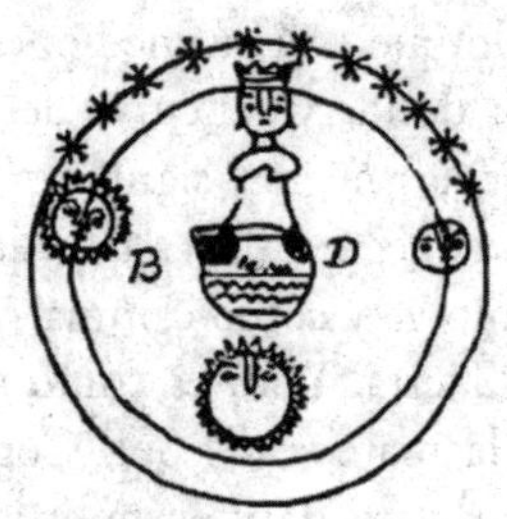

Causa de los eclipses solar y lunar

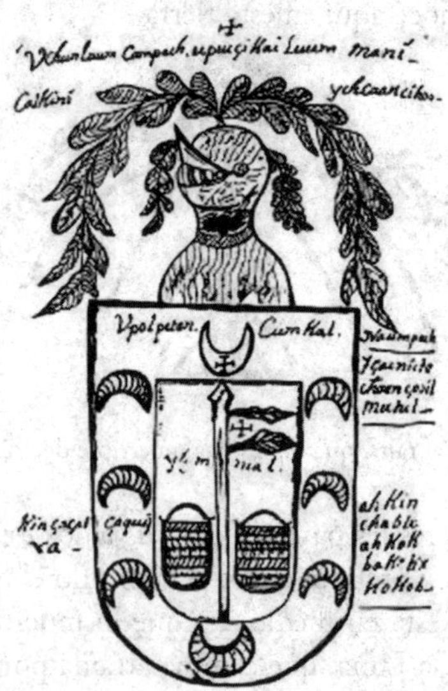

El tronco de la tierra es Campeche, Maní es el corazón de la tierra.

Calkiní Ichaansihó

La cabeza de la tierra es Cumkal

Naumpech
I (x) Zac Nicté
Chheen Zodzil
Muhel

Itzmal

Kinzazal xa Zaquij

Ah Kin
Chablé
Ah Kok Bak
Tixkokob

V PALABRAS DEL SUYUA TAN

Lenguaje de figuras y su entendimiento, para nuestro señor Gobernador Mariscal, que está establecido en Tzuc-Uaxim, al Oriente de Ichcaansihó, allí donde había tierra que tomara para tener su huerta y su solar y se estableciera allí. Llegará el día en que acabe su camino, y vaya a hablar a su Rey. Seguro será su hablar y escarlata su vestido, cuando entre.

He aquí, en lenguaje de alegorías, lo que va a decir, lo que va a preguntar el Rey de esta tierra cuando llegue el día en que finalice el tiempo de los del Tres Ahau Katún, cuando advenga el otro Katún, el Uno Ahau Katún. Así está dicho.

Este Katún de ahora, el Tres Ahau Katún, ya llegó al día en que acabó su señorío y su majestad. No tenía otro camino. Era prestado lo que había dentro de él.

He aquí el Uno Ahau Katún, presente dentro de la casa del Tres Ahau Katún, para visitarlo. Y le están dando diversión porque los del Tres Ahau Katún, avergonzados, se van yendo a esconder en sus lugares.

El Kaat Naat, el Preguntador, viene dentro del Katún que ahora finaliza. Y llega en el tiempo en que se ha de «pedir su entendimiento» a los Príncipes de los pueblos; si saben cómo antiguamente vinieron sus linajes y sus Señores; si ellos son de linaje de Reyes o Señores; si son de Señores sus linajes. Y que lo comprueben.

He aquí el primer enigma que se les planteará. Les pedirán su comida. «Traed el sol», les dirá con toda claridad el Verdadero Hombre. Así se les dirá a los Príncipes: «Traed el sol, hijos míos. Y que sea extendido en mi plato. Que en él esté clavada la lanza del cielo, en medio de su corazón. Sobre el sol ha de estar sentado el Gran Tigre, bebiendo su sangre». En lenguaje figurado ha de interpretarse. He aquí el sol que se les pedirá: el sagrado huevo frito. He aquí la lanza y la cruz del cielo, clavadas en su corazón: lo que decimos «la bendición». He aquí el tigre verde, agazapado encima bebiendo sangre: el chile verde, que tiene tigre. Esto es en lenguaje figurado. Esta es la segunda cuestión que se les planteará. «Que vayan a traer los sesos del cielo, para que los vea el Verdadero Hombre, que tiene muy grandes ansias de verlos». Se les decía que fueran con tiento. He aquí que los sesos del cielo son el incienso. Lenguaje figurado. He aquí el tercer enigma que se les planteará: Que si cuando construyen una casa grande la fachada está en línea recta de una pieza con el techo. He aquí la casa grande; el sombrero real, asentado en el suelo. Se les dirá que suban sobre el real caballo blanco, con su vestido y su capa blancos, y en la mano una sonaja blanca, que irá sonando. El caballo estará manchado de sangre, que se verá salir de la flor de la sonaja. He aquí el caballo blanco: la sandalia de los pies con hilos de henequén. La sonaja blanca, la capa blanca, la flor, son los señores blancos. La sangre de la flor de la sonaja, el oro. Está en medio de ella, porque ensangrentado sale de los que no tienen madre ni padre, y de ellos viene.

Esta es la cuarta prueba que se les propondrá. Se les pedirá que se vayan a su casa. Y se les dirá entonces: «Cuando vayáis a regresar acaso veáis el fuego de medio día y seréis dos muchachos que estaréis en cuclillas. Cuando lleguéis, tendréis vuestro perro junto a vosotros. Este vuestro perro tendrá en las manos el alma de Nuestra Santa Señora, cuando lleguéis con él». He aquí los 39 dobles muchachos que se les decía, y el fuego del mediodía: que se sentarían sobre su sombra. Por eso se les decía que irían en cuclillas cuando llegaran a casa del Verdadero Hombre. El perro suyo del que se les preguntará es su pureza, y el alma de Nuestra Santa Señora, son las grandes candelas o hachas de cera. Esto es en el lenguaje figurado.

Este es el quinto enigma que se les planteará: Se les dirá que vayan a buscar el corazón de Dios, en el cielo. «Y me traerás el de los muchos hijos en su capa, que esté envuelto por detrás en una sábana blanca». He aquí el corazón de Dios: la sagrada piedra preciosa. El de los muchos hijos que se les decía, es el pan real, con muchos frijoles dentro. La envoltura blanca, es el paño blanco. De esto, se les pedirá el significado del lenguaje figurado.

Este es el sexto enigma que se les planteará: Que vayan a buscar la rama del árbol de pochote (la ceiba), y tres cosas torcidas, y bejuco vivo. «Eso hará muy sabrosa mi comida de mañana; tengo deseos de comerlo. ¡Quién sabe si será malo comer el tronco del pochote!», les dirá: He aquí el tronco del árbol de pochote: la lagartija. Las tres cosas torcidas: la cola de la iguana. El bejuco vivo: los intestinos del cerdo. El tronco del árbol de pochote: el tronco de la cola de la lagartija. Lenguaje figurado.

Este es el séptimo enigma que se les planteará: Se les dirá: «Ve a traerme las que cubren el fondo del Cenote, dos blancas, dos amarillas. Tengo deseos de comerlas». He aquí las que cubren el fondo del Cenote, que les pedirán: las jícamas, dos de ellas amarillas.

El que haya entendido, podrá alcanzar el principado de los pueblos, una segunda vez, en presencia del Rey, Gran Verdadero Hombre.

Serán cogidos los príncipes de los pueblos, porque no tienen entendimiento

Y si no es comprendido por los príncipes de los pueblos, se quejará con estas palabras:

«¡Tristísima estrella adorna el abismo de la noche! ¡Enmudece de espanto en la Casa de la Tristeza! Pavorosa trompeta suena sordamente en la antesala de la casa de los nobles: los muertos no entienden. Los vivos entenderán».

Los que estén sobre el Principado de los pueblos, los que tengan medida su cosecha, sabrán qué dolorosamente acabará su reinado. Atadas sus manos por delante, a sus partes genitales, con una cuerda remojada, serán llevados al Rey, Primer Verdadero Hombre. Los últimos Príncipes, los que estén sobre su loco tiempo y sobre su loca edad, oirán que con sufrimiento acabará su principiado; los que existan en el tiempo en que se extinga el término Katún.

Cuando esté acabando el Tres Ahau Katún, serán cogidos los príncipes de los pueblos, porque no tienen entendimiento.

Así se alcanzarán los cargos de jefes de las ciudades. Esta es la relación. Para dar su sustento a los Grandes Verdaderos Hombres, cuando éstos pidieran su comida, se atarán una cuerda al cuello, se cortarán la punta de la lengua y apartarán sus ojos del tiempo que va a terminar. Estos hijos de nobles se humillarán a sí mismos en presencia de su Padre. Y se pondrán de rodillas, para que sepa que tienen sabiduría y para que se les entregue su estera y su trono. Con la misma medida se mirará su cosecha. Cuidadosamente se verá su estirpe de soberanos de esta tierra. Y los que vivan en ese día recibirán su gran bastón.

Así es como se verá fundado otra vez el linaje de los hombres mayas, aquí en la tierra de Yucatán.

Dios primero, cuando se acabe el mundo, el Verdadero Rey vendrá a preguntarnos: «¿Lo que obedecéis, lo que adoráis, son piedras o piedras preciosas?» Y pedirá un árbol de vino de balché. El que no lo tenga, perecerá. Y al que adore al dios de su tierra y diga que no sabe si es dios, le ocurrirán todas las cosas que están escritas.

El preguntador

Así también, los nobles descendientes de los Príncipes, que hayan sabido cómo vinieron sus estirpes y los Reyes que justamente los gobernaban, verán que era su sabiduría la que tenía poder sobre sus vasallos. Y solemnemente les serán entregados su estera y su tronco por Nuestro Padre el Gran Verdadero Hombre.

Esa su estera y ese su trono fueron apaleados y enterrados, y su rostro fue pisoteado sobre el suelo, y fue ensuciado y arrastrado en el tiempo de la locura y en la época de la rabia. «Hijos de la pereza», les dijo el Hijo del Mal, el de la falsa estera, el del falso trono, el mono de los dioses, el pícaro villano. Y así caminaban dentro del Tres Ahau Katún, hinchado y roto el corazón, los descendientes de los nobles, los hombres de sangre real, hasta que se les viniera a decir que fueran a tomar el Principiado de los pueblos.

* * *

—Hijo mío, ve a traerme la flor de la noche —se le dirá. Y entonces irá de rodillas a la presencia del Verdadero Hombre que se la pide.

—Padre, la flor de la noche, la que me pides, conmigo viene, y también lo malo de la noche, que está conmigo —dirá.

—Bien, hijo, si allí están contigo, acaso esté junto a ti también la Venerable Flaca con el Gran Álamo.

—Padre, están conmigo, me acompañaron.

—Así, pues, hijo mío, si te acompañaron, ve a convidar a tus parientes; uno es un viejo que tiene nueve hijos, y una es una vieja que tiene nueve hijas.

—Padre —dice cuando contesta—, me acompañaron, aquí están junto conmigo. Delante de mí llegaron cuando llegué a verte.

—Hijo, pues si están contigo, ve a recoger las piedras de la llanura y con ellas ven, juntándolas y recogiéndolas sobre tu pecho, si es verdad que eres Verdadero Hombre, si eres de la estirpe de los reyes de esta tierra.

He aquí la flor de la noche que se le pedía: la estrella del cielo. He aquí lo negativo de la noche: la luna, la Venerable Flaca y el Gran Álamo, el «Cargador de la tierra» que se llama «el de pellejo arrugado que está abajo». El viejo que se le pedía, que tiene nueve hijos, es el dedo gordo del pie, la vieja es el dedo pulgar de la mano. Las piedras de la llanura que se le pedían y que juntaba abrazadas: las codornices.

—Así también, hijo mío, aunque te hayan dicho que es tu suegro, no se te ha dicho que observes su cara.

—Padre, junto a mí está.

—Así, pues, hijo, ve a traerme la resina celestial. Por el Oriente has de llegar cuando regreses. Siguiéndome muy junto has de hacerlo.

—Así sea, Padre —dice.

He aquí a su suegro que está a su espalda: la corteza de la calabaza. He aquí la resina del cielo que se le pedirá: el incienso cultivado, en muchos granos. Lo que se le dice que ha de venir siguiéndolo, es su sombra que estará a sus espaldas, agrandada por el sol poniente.

—Hijo, puesto que eres Verdadero Hombre, puesto que eres también poderoso, ve a traerme las «cuentas» con que rezas.

Las «cuentas» que se le piden son: las piedras preciosas. Entonces se le ha de preguntar cuántos son los días en que reza.

—Padre —dice—, el primer día rezo y el décimo también.

—¿En qué días levantas tu oración?

—Padre, el noveno día y el decimotercero día. El noveno día a Dios, y el decimotercero al Verbo. Es cuando repaso mis «cuentas».

—Hijo, ve a traerme tus ropas, para que sienta yo su olor aquí y su olor de lejos; el olor del paño de mi cintura, el olor de mis vestidos, el olor de mi pebetero, el olor que es atraído al centro del cielo, al centro de las nubes. Y lo que pega mi boca y está en la jícara blanca; si eres Verdadero Hombre.

—Padre, voy a traerlo —manifiesta.

He aquí el olor de sus ropas que se le pide, el olor que es atraído al centro del cielo: el incienso encendido que se consume. He aquí lo que pide que pega su boca: el cacao molido, el chocolate.

—Así, pues, hijo, traeme la primera sangre de mi hija; y su cabeza y su vientre y su muslo y su mano. Y lo que tienes tapado dentro de una vasija de barro virgen, y el primer asiento de mi hija. Muéstramelo; tengo deseo de verlo. Ya te he dado lo que te anudará la garganta en mi presencia y lo que provocará tu llanto.

—Así se cumpla, Padre. También vendrá la raspadura del manto del repartidor, pasado mañana, con él, y entonces se irá.

He aquí la primera sangre de la hija, que se le solicita: el vino maya. El vientre de la hija: la colmena de la miel. La cabeza de la hija: la vasija de barro virgen, en que se remoja el vino. Así como el primer asiento de la hija: el colmenar. El raspar el manto del repartidor es pelar la corteza del balché. He aquí los huesos de la hija: el balché agujereado. El muslo al que se refiere es el tronco del balché. La mano de la hija es la rama del balché. Lo que se dice que llorará es que como emborrachado manifiesta: «Entonces que me sea dado». Sin moverse, suspenso su hablar, rígida su lengua, estará cuando llegue.

—Padre, he aquí a tu hija, que me diste para que guardara. Lo que tú digas, Padre. Tú eres mi señor —dice así su hijo.

—¡Ah, hijo mío! Igual eres a los Verdaderos Hombres, igual a los que tienen poder. ¡Recuérdalo, pues! ¡Sábelo, pues! —así confiesa—. Eso es la sangre de la hija que te he pedido. Infinitas veces pasa la hija delante de él, llorando, y la hija reposa al fin abajo. Rompe en llanto mientras la mira caer, y entretanto, habla. Ah, hijo mío —confiesa— mientras lloras, ya eres Verdadero Hombre. ¡Oh, hijo mío, ya tienes poder! Ah, ya eres igual al Verdadero Hombre. Voy a confiarte tu estera y tu trono y tu señorío. ¡Tú, hijo mío! ¡Tuyo es el poder, tuya es la realeza! ¡Tú, hijo mío!

Así acabará el hablar a los Príncipes de los pueblos. Y saldrán del lugar donde está el Gran Verdadero Hombre, el lugar cabeza de esta tierra. Y se irán a sus casas. Cuando estén en sus casas, ofrecerán su sustento al Verdadero Hombre, y pedirán su propio sustento a su vez. Y así irán a explicarlo:

—Hijo mío, tráeme cuatro pájaros «cardenales» que están en la entrada de la cueva. Me levanto sobre lo que es lo primero que pega mi boca y colorado estará. Levantará su plumero sobre lo que pega mi boca, cuando llegue delante de mí.

—Así se cumpla, Padre.

He aquí lo que solicita: el vino. Este es el plumero que dice: la espuma del chocolate. Lo que pega su boca: el cacao acabado de moler.

—Hijo, tráeme los pájaros de la noche, y las cosas que taladran la noche, y los sesos del cielo. Tengo muchos deseos de verlos aquí.

—Así se cumpla, Padre.

He aquí lo que se le solicita: El incensario en que se quema el incienso. He aquí lo que taladra la noche: la piedra preciosa. He aquí los sesos del cielo: el incienso. Lenguaje figurado.

—Hijo, tráeme los huesos de tu padre, los que enterraste hace tres años. Tengo muchos deseos de verlos.

—Así se cumpla, Padre.

He aquí lo que solicita: la yuca cocida bajo tierra; que fuera a dársela al Verdadero Hombre.

—Hijo, ve a traerme un viejo que no tiene abrochados los botones de su vestido. «El que se esconde en el agujero de la tierra cuando llueve» se llama.

—Así se cumpla, Padre.

Lo que se le solicita es el armadillo.

—Hijo, tráeme tres mitades del cielo. Tengo necesidad de comerlas.

—Así se cumpla, Padre.

Lo que se le solicita es «atole[2] chorreado», la espuma del atole. En lenguaje figurado se le pedirá todo.

—Hijo, tráeme un tronco de henequén, de un henequén gordo; no le quites el cogollo; vengan también sus pies rayados y quebrados.

—Así se cumpla, Padre.

He aquí lo que le solicita: la cabeza de jabalí asada bajo tierra que se la diese. El cogollo que dice es la lengua, porque esa su lengua es su espíritu. Lenguaje figurado.

—Hijo, que me sirvan los gavilanes de la noche para que yo coma.

—Así sea, Padre.

Lo que le solicita son: pollos.

—Hijo, dile a la Venerable Flaca y al que se llama «el del pellejo arrugado de abajo» que me traigan un cesto de tordos; que se cogen debajo del Gran Álamo. Allí están desparramados a su sombra.

—Así sea, Padre.

He aquí lo que le solicita: frijoles negros, que están en la casa del Ah Cuchcab (el cargador de la tierra), de la Venerable Flaca y del que se dice «el del pellejo arrugado de abajo».

—Hijo, que vayan a buscar el tigre de la cueva, para que sea guisado y yo lo coma. Tengo deseos de comer tigre.

—Así se cumpla, Padre.

El tigre que solicita es el tepezcuintle.

2. *Atole*. Bebida de maíz disuelta en agua o leche.

—Hijo, tráeme siete hojas de lo que es abrigo de los que no tienen padre. Tengo deseos de comerlas en el día en que se han de comer.

—Así se cumpla, Padre.

He aquí lo que le solicita: hojas de chaya apretadas cocidas (dzotob-chay).

—Hijo, tráeme dos buenos bailarines que vengan a bailar para que me divierta; que vengan con su tambor y su sonaja y con su abanico y con el palillo de su tambor. Los aguardo.

—Así se cumpla, Padre.

He aquí lo que le pide: guajolotes.[3] Su tambor es su papada, su sonaja es su cabeza, su abanico es su cola, el palillo de su tambor es su muslo. Lenguaje figurado.

—Hijo, tráeme el capricho de esta tierra. Tengo ganas de comerlo.

—Así se cumpla, Padre.

Lo que se le pide es: la miel.

—Hijo, tráeme las piedras de la tierra quemada, las que han ardido; y que venga con ellas su hija, para que con ella yo las apague y que se deshagan aquí en mi casa.

—Así se cumpla, Padre.

He aquí lo que le pide: el macal asado bajo tierra; su hija, para que con ella las apague: el licor de la miel.

—Hijo, tráeme las luciérnagas de la noche, las que de norte a poniente hacen pasar su olor. Que venga con ellas la lamida de la lengua del tigre.

—Así se cumpla, padre.

Lo que solicita es: cigarros. La lamida de la lengua del tigre es el fuego.

—Hijo, tráeme a tu hija para que yo la vea y a la que tiene blanca y limpia la cara, la muy bonita; blanco es su rebozo y su cinturón. Tengo muchos deseos de ella.

---

3. Pavos.

—Así se cumpla, Padre.

He aquí lo que le pide: la jícara blanca, y atole. Lenguaje figurado.

—Hijo, tráeme la que se llama sabel, cuyo olor es caro.

—Así se cumpla, Padre.

Lo que solicita es el melón.

—Hijo, tráeme al de la gran garganta corva que tiene azul la espalda, tengo apetito de comerlo.

—Así se cumpla, Padre.

Lo que solicita es garganta de guajolote. Lenguaje figurado.

—Hijo, tráeme una muchacha de pantorrilla blanca y ondulante. Aquí le quitaré su vestido hasta la pantorrilla.

—Así se cumpla, Padre.

Lo que solicita es la jícama. Lo de que le quitará su vestido, es que le arrancará su cáscara.

—Hijo, tráeme una muchacha muy bonita, con la cara muy blanca. La deseo mucho. Aquí, delante de mí, tiraré su falda y su vestido.

—Así se cumpla, Padre.

Lo que solicita es una pava para comer. Tirar su falda y su vestido es pelarla de sus plumas, cuando se pida para comer. Lenguaje figurado.

—Hijo, tráeme aquí un viejo cuidador de milpa. Tengo deseo de ver su cara.

—Así se cumpla, Padre.

He aquí Lo que solicita: el macal gordo para comer. Esto es lo que significa.

—Hijo mío, tráeme una vieja cuidadora de milpa, negra de todo su cuerpo, cuyo trasero es de siete palmos. Hay deseos de verla.

Lo que solicita es el gran fruto de la calabaza. Lenguaje figurado. Llegará su día.

* * *

Ahora es el día en que Nuestro Padre el Gran Verdadero Hombre, que fue pisoteado, está llegando aquí, a esta tierra de Yucalpetén, y va a convocar a los Príncipes para que los Príncipes vengan a convocar a sus pueblos, en nombre de Nuestro Padre, el Gran Verdadero Hombre.

—Por ventura, ¿sois Príncipes vosotros?

—Nosotros lo somos, Padre —contestan ellos.

—Hijos míos, si sois vosotros Hombres Verdaderos de esta tierra —les dirá— id a coger al Tigre que vuela, y venid a servírmelo para comer. Ponedle muy bien puestas sus gargantillas y muy bien puesto su penacho, y traérmelo a la mesa. Id muy deprisa y muy pronto volved. Hijos, tengo mucha hambre de comerlo. Vosotros, hijos míos, vosotros que sois Verdaderos Hombres.

Los que no saben, pobres de su entendimiento y de su vista, ¡ay! nada responden. El que sabe, alegremente va a buscar al Tigre Volador. Y entonces, viene con él.

—¿Tú eres, hijo mío?

—Ciertamente, Padre.

—¿Tú eres noble, hijo de nobles, hijo mío?

—Sin duda, Padre.

—¿Qué es de tus compañeros, hijo mío?

—Padre, están en el monte buscando al tigre. «No hay tigre», decían, ¡y entonces el tigre estaba pasando por delante de ellos!

He aquí el tigre que le solicitaba: el caballo del Gobernador, el que quiere engullirse al caballo flaco. Las gargantillas son los cascabeles, el penacho es el mantillo rojo, muy bien colocado con la silla y con el freno. Habla figurada.

VI LOS VIEJOS Y LOS NUEVOS DIOSES

Es muy necesario hacer entrar en el entendimiento que las piedras que dejó Nuestro Padre Dios, las duras maderas, los animales, es lo que habéis adorado. En los primeros tiempos, aquí, entre nosotros, los Hombres de Majestad fueron adorados como auténticos dioses. Aquellas piedras detuvieron el paso del Verdadero Dios Nuestro Padre, Señor del Cielo y de la Tierra. Aunque eran los antiguos dioses, eran dioses perecederos. Ya se acabó el tiempo de su adoración. Fueron desbaratados por la bendición del Señor del Cielo, cuando terminó la redención del mundo, cuando resucitó el Verdadero Dios, cuando bendijo los cielos y la tierra.

¡Se desmoronaron vuestros dioses, hombres Mayas! ¡Sin esperanzas los adorasteis!

La relación de la historia del mundo, en aquel tiempo, se hacía en pinturas: porque no había llegado el día en que se usaran estos papeles y esta muchedumbre de palabras, para preguntar a los antiguos hombres mayas si sabían cómo se originaron y cómo establecieron su tierra en esta región.

* * *

Dentro del Once Ahau Katún fue cuando salió Ah-Mucen- Cab a vendar los ojos de los Trece Dioses. No supieron su nombre. Solamente sus hermanas y sus hijos se lo dijeron, y tampoco podían ver su cara. Era el momento en que acababa de despertar la tierra. No sabían lo que iba a ocurrir.

Y fueron cogidos los Trece Dioses por los Nueve dioses. Y llovió fuego, y llovió ceniza y cayeron árboles y piedras. Y vino el chocar los árboles y las piedras unos contra otras.

Y fueron cogidos los Trece Dioses, y fue rota su cabeza y abofeteado su rostro, y fueron escupidos, y se los cargaron a las espaldas. Y fue robada su Serpiente de Vida, con los cascabeles de su cola, y con ella fueron cogidas sus plumas de quetzal. Y cogieron habas molidas junto con su semen y, junto con su corazón, y semilla gruesa molida de calabaza, y frijoles molidos. Y el que es eterno, lo envolvió y lo ató a todo junto, y se fue al decimotercero piso de Cielo. Y entonces cayeron su piel y las puntas de sus huesos aquí sobre la tierra. Y fue entonces que se escapó su corazón, porque los Trece dioses no querían que se les fuera su corazón y su semilla. Y fueron matados a flechazos los huérfanos, los desamparados y las viudas, que vivían sin fuerza para vivir. Y fueron enterrados por la orilla de la arena en las olas del mar. Y entonces, en un solo golpe, llegaron las aguas. Y cuando fue robada la Gran Serpiente, se desplomó el firmamento y hundió la tierra. Entonces los Cuatro Dioses, los Cuatro Bacab, lo nivelaron todo. En el momento en que acabó la nivelación, se afirmaron en sus lugares para ordenar a los hombres amarillos. Y se levantó el Primer Árbol Blanco, en el Norte. Y se levantó el arco del cielo, señal de la destrucción de abajo. Cuando estuvo alzado el Primer Árbol Blanco, se levantó el Primer Árbol Negro, y en él se posó el pájaro de pecho negro. Y se levantó el Primer Árbol Amarillo, y en señal de la destrucción de abajo, se posó el pájaro de pecho amarillo. Y se oyeron los pasos de los hombres amarillos, los de semblante amarillo.

Y se levantó la Gran Madre Ceiba, en el centro del mundo, como recuerdo de la destrucción de la tierra. Se asentó derecha y alzó su copa, pidiendo hojas eternas. Y con sus ramas y sus raíces llamaba a su Señor.

Y se levantó Chac-piltec, al Oriente de la tierra. Y llamaba a su Señor. Y se alzó Zac-piltec, al Norte de la tierra. Y llamaba a su Señor. Y se levantó Lahun-chan, y llamaba a su Señor. Y se alzó Kanpiltec, y llamaba a su Señor. Estas son las Voluntades de la Tierra.

A esa hora, Uuc-cheknal vino procedente de la séptima capa del cielo. Cuando bajó, pisó las espaldas de Itzám-cab-Aim, el así llamado. Bajó mientras se purificaban la Tierra y el Cielo.

Y caminaban por la cuarta candela, por la cuarta capa de las estrellas. No se había alumbrado la Tierra. No había sol, no había noche, no había luna. Se despertaron cuando lo hacía la Tierra. Y entonces despertó la Tierra. Infinitos escalones de tiempo y siete lunas más se contaron desde que despertó, y entonces amaneció para ellos.

Se sintió el Reinado del Segundo Tiempo, el reinado del Tercer Tiempo. Y entonces empezaron a llorar los Trece Dioses. Lloraban ante el Dios Chacab, que era el que entonces reinaba en su estera roja.

Por ellos se enrojeció el Primer Árbol de la Tierra y se enrojeció su inmensidad. Grandes pecadores de espíritu eran. No había llegado el día de su poder.

Lo mismo lloraban los Nueve Dioses. Y he aquí que llegó el ordenamiento de la medida del tiempo, en la estera roja. Y llegaron los Nueve Dioses, los de cabezas puntiagudas y traseros pelados. Se sentaron en su estera. Y entonces fue que bajó la opresión desde el centro del Cielo, el poder tiránico, los Reyes despóticos.

Y entonces se alzó Chac-edz, el del gesto rojo. Y entonces se alzó el Rey del gesto blanco. Y entonces se levantó el del gesto negro. Y entonces se irguió el del gesto amarillo.

Y entonces se alzó Chactenel Ahau, con su estera y su trono. Y llegó Zactemal, con su estera y su trono. Y se alzó Ek-tenel-Ahau, con su estera y su trono. Y se levantó Kan-tenel-Ahau, con su estera y su trono. Creían que eran Dioses; pero quizás no eran. No derramaban semillas, ni llovían agua. Pedazo a pedazo decían que se juntaban; pero no decían lo que amaban.

Duro era su semblante. Llegó el tiempo duro y pesadas miserias acontecieron bajo su poder. Cuando llegaron a asentarse muy alto en la medida de su tiempo, se avivó el fuego del sol, y se acercó su cara y quemó la tierra y el ropaje de los reyes. Y esta es la causa de que se llore su reinado.

En el día magnífico de poderío y de hermosura, en el día en que se entienda el entendimiento de los Dioses, se levantará la cosecha y será el tiempo de recoger. Y se extinguirá el «animal malo».

Y cuando levante su árbol Ah Muuc, que es el que sale a su camino, el que sale a sucederle, será el tristísimo tiempo en que sean recogidas las mariposas, y entonces acontecerá la infinita amargura.

Esa es la que viene, cuando hayan caído tres lunas, en el tiempo del Tres Ahau Katún, y después de tres porciones de años, encajados dentro del Tres Ahau Katún; cuando vaya a iniciarse el otro Katún, el de tres panes, el de tres aguas. Estrecho será su don de vida, y mísero su jugo. Y eso comerá y eso beberá.

Beberá granizo y comerá las desparramadas hojas de la chaya. Eso ocurrirá aquí, en la Tierra de la Tristeza, Padre, dentro del Noveno año, en el tiempo en que permanezcan aquí los extranjeros.

Se pide la carga del Katún, de todos los años del Trece Ahau Katún. Entonces abre sus pies del Once Ahau, entonces baja la palabra del Eterno a la punta de su lengua. Cuando baja, se pregunta la carga del Katún.

Nueve eran sus cargas, cuando bajó del cielo. El día de Kan fue el día en que se ató su carga. Fue cuando bajó agua venida del cielo, para el segundo nacimiento, de la casa de los «incontables años».

Al mismo tiempo bajó Bolon Mayel. Dulce era su boca y la punta de su lengua. Dulces eran sus sesos. Y allí bajaron cuatro Gigantes que en ánforas de barro traían las mieles de las flores.

De ellas salieron: la del profundo cáliz rojo, la del profundo cáliz blanco, la del profundo cáliz negro, la del profundo cáliz amarillo. Y la que es ancha y la que es desviada. Y al mismo tiempo, salió la flor que es regada y la que es agujerada; y la flor ondulada del cacao y la que jamás es chupada, y la flor del espíritu de color, y la que siempre es flor, y la que tiene el tallo cojo. Estas flores que surgieron, eran las Comayeles, las madres de las flores.

Y surgieron olorosos sacerdotes, olorosos reyes, olorosos jefes de guerreros, servidores del dios de la Flor. Cuando éste bajó, no tenía igual. Miradle —decían—, no se derrama lo que es su carga.

Y entonces salió «la flor que es efímera» y metió el pecado de los Nueve Dioses. El tercer año es el tiempo en que se dice que aconteció, cuando no había llegado a ser creado el dios del infierno.

Y bajó Pizlimtec, el de los huesos verdes, al pie de la flor, y el que es Eterno lo transformó en colibrí. Y entonces, chupó la miel, de la flor de los nueve pétalos, hasta lo más adentro de ella. Y entonces tomó por esposa a la flor vacía, y salió el espíritu de la flor a vagar. Cuando se abrió el cáliz de esta flor, el Sol estaba dentro, y en medio de ella se leía su nombre. Y ocurrió que suspiraron llenos de deseo los Trece dioses. No sabían que así bajaba el pecado a su estera; eran dioses a su entender. Aconteció que de flores fue su estera, de flores su silla, y flores hubo en sus cabellos. Envidioso su asiento, envidioso su caminar, envidioso su plato, envidioso su vaso, envidioso su corazón, envidioso su entendimiento, envidioso su pensamiento, envidiosa su boca, robando el tiempo de su señorío.

En el tiempo en que esté en pie, en el tiempo en que tenga fuerza su adoración en los labios de su boca, lo que coma detrás de la palma de su mano, la sustancia que muerde, no será palo ni será piedra. Rojo despojo habrá en sus diez muelas.

Se presentará con su cara de pecado, con su hablar de pecado, con su enseñanza de pecado, con su entendimiento pecador. Y pecado será su andar. Arribará con los ojos vendados y enrojecerá su estera. Durante su poderío, se olvidará de su padre, se olvidará de su madre que lo dio a luz.

Ardiendo su corazón, sólo entre los huérfanos agraviador de su padre, en medio de los que no tienen casa, ha de caminar, borracho su semblante, perdido su entendimiento, al lugar de su padre, al lugar de su madre. No es bondadoso, no hay bien en su corazón; solamente un poco hay en la punta de su lengua. No sabe cómo ha de acabar, no sabe lo que hay al fin de su reinado, ni lo que va a terminar con el tiempo de su mandato.

* * *

Estos Nueve Dioses se manifestarán en nueve rostros de Hombres-Reyes, de estera del Segundo Tiempo, de trono del Segundo Tiempo, venidos dentro del Tres Ahau Katún.

Habrá un nuevo Señor de esta tierra. Dolorosamente se afirmará el curso del Katún que viene, cuando finalice el tiempo del Tres Ahau Katún, en que los hijos serán vendidos, el que aplastará el orgullo de los Itzaes.

Un tiempo abrasador, después un tiempo de frescura. El largo de una Piedra, es el castigo del pecado de orgullo de los Itzaes. Los Nueve Dioses acabarán el curso del Tres Ahau Katún. Y entonces será entendido el entendimiento de los dioses de la Tierra. Cuando haya acabado el Katún, se verá aparecer el linaje de los nobles Príncipes, y a nuevos hombres sabios y a los descendientes de los Príncipes cuyos rostros fueron estrujados contra el suelo, los que fueron insultados por el rabioso de su tiempo, por los locos de su Katún, por el hijo del mal que los llamó «hijos de la pereza»; los que nacieron cuando despertó la Tierra, dentro del Tres Ahau Katún.

Así acabarán su poder aquellos para quienes Dios presenta dos caras.

* * *

He aquí que cuando vaya a finalizar el tiempo de este Katún, entonces Dios provocará otra vez el diluvio y la destrucción de la tierra. Y cuando haya terminado, bajará Nuestro Padre Jesucristo, sobre el valle de Josafat, al lado de la ciudad de Jerusalén, donde un tiempo nos redimió su santa sangre. Allí bajará sobre una gran nube, para dar testimonio de que verdaderamente pasó el martirio en el árbol de la Cruz, hace tiempo. Allí entonces bajará en gran poder y en gran majestad, el verdadero Dios, el que creó el cielo y la Tierra y todas las cosas del mundo. Allí bajará a medir por igual lo bueno y lo malo del mundo. ¡Y humillados serán los orgullosos!

Dominus vobiscum decían todos cantando allí donde no había cielos y tierra.

Del abismo nació la Tierra, cuando no había cielos ni tierra.

El que es la Divinidad y el Poder, labró la gran Piedra de la Gracia, allí donde antiguamente no había cielo.

Y de allí nacieron Siete Piedras Sagradas, Siete Guerreros suspendidos en el espíritu del viento, Siete Llamas Elegidas.

Y se movieron. Y siete fueron sus gracias también, y siete sus santos.

Y aconteció que incontables gracias nacieron de una piedra de gracia. Y fue la inmensidad de las noches, allí donde antiguamente no había Dios, porque no habían recibido a su Dios, que sólo por sí mismo estaba dentro de la Gracia, dentro de las tinieblas, allí donde no había cielos ni tierra.

Y fue formado al fin un Guerrero, cuando no había nacido el Primer Guerrero, y tenía los cabellos en guedejas.

Aden Ti Parami. Y fue su divinidad. Y entonces surgió y se hizo varón en la segunda infinita Piedra de Gracia. Alpinon es el nombre de su ángel.

Cuando hubo nacido, salió y pidió su Segunda Gracia, en la segunda inmensidad de la noche, donde antes nadie había. Y recibió su divinidad él solo por sí mismo.

Y cuando vino a salir, Ofirmar suavemente se expresó. Y recibió su divinidad él solo por sí mismo. Y salió y fue a la tercera infinita Piedra de Gracia. Albacongel es el nombre de su ángel, el de la tercera gracia.

Fue a la cuarta infinita Piedra de Gracia, en la cuarta noche. Atea Ohe es el nombre de su ángel. Naciendo, quiso su cuarta Gracia, y empezó a decirse solo a sí mismo: «Ah, Dios Poderoso, yo no soy nadie, pues, por mí mismo». Así decía en su esencia, en su divinidad.

«Me voy», dijo con ternura.

Y fue a la quinta infinita Piedra de Gracia, en la quinta infinita noche. Cuando hubo nacido el Quinto Guerrero quiso su Quinta Gracia. Y surgieron las palabras de su divinidad y nació su ángel. Decipto es su nombre.

Y dijo: «Me voy. Yo soy, pues. Soy Dios, pues. Soy poderoso, pues.» Así hablaba por sí misma su divinidad. «*Aninite dei sin*», decía cuando recibió su divinidad por sí mismo.

Y fue a la sexta infinita Piedra de Gracia, en la sexta medida de la noche, el Sexto Guerrero. «¡Dioses poderosos, responded a mi voz. Nadie hay en mi soledad!».

Cuando hubo nacido, quiso su Séptima Gracia. Conlamil es el nombre de su ángel. «¡Yo os adoro, dioses, contestad a mi voz! No hay nadie. ¡Nadie contesta a mi voz!». Así suavemente hablaba y decía, mientras nacía su Séptima Gracia.

Contento nació el séptimo Guerrero. Siete veces se alumbraron las siete medidas de la noche, siete veces infinitas.

«*Abiento bocayento de la Zipilna de fente note sustina gracia. Trece mili y no cargo bende*». Primera, segunda, tercera, tres veces cuatrocientas épocas, miles de épocas y despertó la tierra de Dios el Verbo, él solo por sí mismo del fondo de la gran Piedra de la Gracia. Su nombre es Unidad con Dios el Verbo.

Este su nombre, que corta las épocas, es: el Eterno, el de una sola Edad, el Muy Alto. Y vino su descendiente de Siete

Generaciones. Y cuatro veces resonó su Gran Palabra, sello de la noche, sello del cielo: «Yo soy el principio, yo seré el fin».

He aquí la sabiduría escondida de su palabra, datate, aquí recibido en esta tierra: Yo soy Unidate, yo soy Unitata, yo soy su sonido. Yo soy Unitata. «*A nuni* viene Unidad».

Nilu es el nombre de la noche. Es la primera palabra de Dios, es la primera palabra del verbo. Así, trituró la piedra, sólo por sí mismo, dentro de la noche.

Tomás Sipancas es llamado el Espíritu cuyo Señor es el Primer Guerrero. Ota-ho en el cielo. Arcángel es el nombre del Espíritu. Heronix es el nombre del espíritu. Xicluto va delante y es el nombre del Espíritu. Virtutus es el nombre del Espíritu. Joramis es el nombre del Espíritu del Segundo Guerrero. He aquí que dijo cuando se abrió la Piedra: «*Jaxyonlacalpa*». Escondió su nombre. En el santo cielo dijo Nuestro Santo Padre el Verbo: Bolay es su nombre. Y conoció el segundo cielo, en donde está el polvo de los pies de la Sustinal Gracia.

Allí se origina la Sabiduría, golpeando la piedra dentro de la negrura.

Y fue creada la Piedra que fundó las piedras, las Tres Piedras que fueron a asentarse a los pies de la Sustinal Gracia. Las piedras que nacieron estaban debajo de la Primera Piedra. Y eran hermanas iguales.

Entonces se coló Chac, el Gigante, por la grieta de la Piedra. Gigantes fueron entonces todos, en un solo pueblo, los de todas las tierras. Y el Primer Rey fue Dios.

En la época Primera, fue creado el único hijo de Dios. En la Segunda, el Verbo. En la Tercera época, Expleo, éste es llamado así en su cielo.

Y nació Chac, el Gigante, que Opilla es su nombre, al mismo tiempo que su cielo, que Empileo, cielo, es su nombre. Expleo es su nombre, dentro del primer Libro de Dios. Hebones. El único Hijo de Dios, se coloca como espejo en el hombro de su Padre, en la piedra de su Padre.

Cuando fue a crear el cielo del Cielo, se abrió una Gracia y una Piedra. Y nació el Fuego. Txitate es su nombre, la Luz del Cielo. Que Sustinal es la luz de la luz del cielo. Acpa. Porque el Guerrero creó la luz dentro del cielo. Alpa u manga es su nombre. FIN.

* * *

Los ángeles, los Espíritus se alzaron mientras eran creadas las estrellas. No se había alumbrado la Tierra, no existía Cielo ni Tierra. Eran:

El Pauah rojo.
El Pauah blanco.
El Pauah negro.
El Pauah amarillo.

Entonces en el Primer Cielo, Dios el Verbo tenía sujeta su Piedra, su Serpiente, su Sustancia. Allí se hallaban en suspensión sus ángeles. El Espíritu nombrado Corpinus, y he aquí, debajo, Orele, a la altura de la tierra. Tres Personas eran: El Dios Verbo, el Dios Hijo, el Dios Espíritu Santo.

En este tiempo los planetas, eran: Saturno, Júpiter, Marte y Venus; esos se dice que tenía en su mano el Dios en el Cielo; antiguamente los creó. He aquí el nombre del cielo: Christalino. Este ángel, que Corpinus es su nombre, comprendía la bendición del Padre, allí donde no había Cielo ni Tierra, Inpicco es su nombre. Rociaba a todos los ángeles. Baloyo es su nombre. Cacauecan (sexos) es su nombre. Et Sepeuos es su nombre. *Laus Deo*.

* * *

Abajo Chac-Bolay-Balam y Cacau Balamté. Esperas es su nombre en la sexta capa del Cielo, Isperas se llama es la séptima capa del Cielo. Fue creado sobre la tierra por Dios Poderoso. En la séptima época nació dentro de la noche. Espíritu se llama.

Sto. Edem Deus, Sto. Eluseo, Santos. El vio nacer el centro de la Piedra, el centro de la noche. Se repite.

Ardió entonces. Entró de noche. Fue lo que dijo: cuando habló al centro de la Piedra, al centro de la noche. *Tronas aleseyo de Mundo de gracia en apedia leyo zipidiate en picted gracia Sto. Esuleptun Joan estunast gracia suplilis eltimeo me firme abin Finites gracia y metis absolutum timenis de gracia Eden deo gracia de Fentis de gracia Fenoplis tun gracia locom dar y me gracia, tretris un mis gracia. Nositusi de gracia in pricio de gracia. Tresimili uno de cargo leonte.*

Uno, dos, tres, un montón, trece veces cuatrocientos, Katunes inacababLes antes de que despertara la tierra, fue creado el centro de la Piedra, el centro de la noche, allí donde no había cielo ni tierra, cuando fue ordenado por Dios el Verbo, sólo por sí mismo, en la Profunda Noche.

Sonó la primera Palabra de Dios, allí donde no había Cielo ni Tierra. Y se desprendió de su Piedra y cayó al segundo tiempo y confesó su divinidad. Y se estremeció toda la inmensidad de lo eterno. Y su palabra fue una medida de gracia, un rayo de gracia y quebró y agujereó la espalda de las montañas. ¿Quién nació cuando bajó? Gran padre, Tú lo sabes.

Nació su Primer Principio y quebró y barrenó la espalda de las montañas.

—¿Quiénes nacieron allí? ¿Quiénes?

—Padre, Tú lo sabes. Nació el que es tierno en el cielo.

Cirpacte horca mundo ni nompan est noche amanena omonena Apaopa. Surgió el Espíritu de la infinita Gracia. *Zipiones ted coruna Pater Profecida.* Hablará cuando llegue a la

Séptima gracia, la Virgen Piedra de la Gracia. *Baltepiones ortezipio Reciquenta noche hun ebutate hun cute Profeciado.* Sucedió que fue llamado el ángel Jerupite y le fueron dados en el cielo Corporales de ojales por el primer Papa.

VII EL KATÚN 13 AHAU

Esta es la cara del Katún, la cara del Katún, del Trece Ahau: Se quebrará el rostro del sol. Caerá rompiéndose sobre los dioses de ahora. Desaparecerán los gobiernos. Cinco días será mordido el Sol y será visto. Esta es la representación del Trece Ahau.

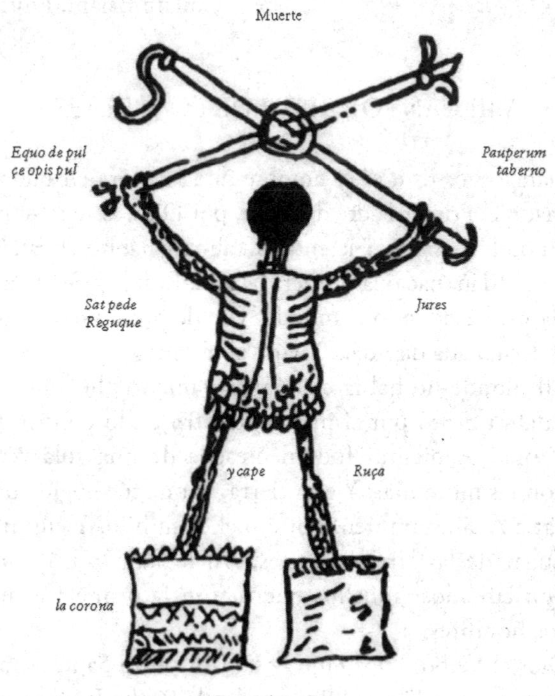

Señal que da Dios es que sucederá que muera el Rey de esta tierra. Así también que vendrán los antiguos Reyes a lidiar unos contra otros, cuando vayan a entrar los cristianos a esta tierra. Así dará señal Nuestro Padre Dios de que vendrán, porque hay discordia, porque ha pasado mucho la miseria a los hijos de los hijos.

Nos cristianizaron, pero nos hacen pasar de unos a otros como animales. Y Dios está ofendido de los Esclavizadores.

Mil quinientos treinta y nueve años, así: 1539 años.

Al Oriente está la puerta de la casa de don Juan Montejo, el que introdujo el cristianismo en esta tierra de Yucalpetén, Yucatán.

Chilam Balam, Profeta.

VIII CANTO TRISTE DE LOS ITZAES

Damaceno. Este es el nombre de la llanura en que fue formado el Primer Padre de Adán, por Dios. Este es su primer nombre: Adán. Y le entró su alma y habitó el Paraíso. Nacido Adán, nació la Primera Madre, Eva, la primera mujer, la madre de todo el mundo. Fue de pronto, como una gota derramada de Adán. Y vino al mundo.

Allí donde no había cielo antiguamente, he aquí que la Palabra brotó por sí misma, dentro de lo oscuro. He aquí que las piedras fueron creadas de una sola vez y fueron las montañas. Y esta tierra, la que fue cogida para labrar a Adán, también. Por eso él es su hijo. Y entraron al Lugar de las lamentaciones. Así lo llamaron cuando fueron labrados, aquellos que fueron la primera estirpe de los hombres.

Dios el Verbo, Dios Hijo, y Dios Espíritu Santo, son el Dios de toda la Tierra. Ellos crearon la Piedra Preciosa que se desprendió de la tempestad, con el velo de la gracia. El Verbo es su nombre: *Josus tin gracia.*

He aquí que a la vez surgió de su Piedra el Espíritu de las estrellas; berbuntuorom es su nombre. El hijo natural de la Piedra, el hijo natural de la Tierra, tomó entonces a la Señora de la Tierra y fue a sentarse, a lo más alto del Cielo.

Un gran resplandor llegó hasta abajo desde el Espíritu de la Sustinal Gracia.

* * *

Trece veces ocho mil Katunes habían estado inmóvil en su Piedra, cuando se agitó la Semilla del Señor Hunacceel.

Aunque no eran lo mismo que el Sol, de la Joya del Pecho del Sol bajó la casta de los hombres buenos. «Mis ropas, mis vestidos», hubieran dicho los dioses.

Así, pues, lo sabéis, y lo dice cualquiera. A la tierra suave de la Orila del Pozo llegaron conquistando, al golpe de la guerra. «Estaban en Chichén los Itzaes... los herejes ¿Llegaron o estaban?»

Uno Imix, el día que alcanzaron el cielo, fue el Rey al Poniente del Pozo, en donde está emplazado el templo. El Uno Imix es el día en que se dice en Chichén de los Itzaes: «¿Llegaron o estaban?».

«¡Escondido es, escondido es!» —dicen gritando—. «¡Escondido es, escondido es! ¡Lo conocen las almas de los muertos!».

Con fatigado clamor gritan las almas de los muertos, solitarias en el día que es el primero. Resplandeciente día fue, y otra vez fue de noche, cuando llegaron.

«¡Estaban, estaban, estaban! ¿Llegaron o estaban?» ¿Hay alguien por suerte que esté despierto? Fuertemente dicen otra vez, en tres gemidos: ¡Estaban! «¡En el día de Dios, aquí eran ya moradores, eran ya pobladores!» Se les oía así. «¡No fue que llegaron a Chichén los Itzaes!» «¿Llegaron o estaban? ¡Los herejes!» Gimen así tres veces, en su día. «¿Soy alguien yo?» dice en su espíritu el hombre. «¿Soy éste que soy? ¿Soy acaso un niño que llora?» dice en medio de la tierra.

Para que lo entendáis. Dicen que fui creado de noche. ¿Nosotros acaso nacimos? Se ha dicho que somos como animales domésticos para Miscit-Ahau.

Va acercándose el final. ¿Quién es éste a quien amargué con mi canción? «¿Llegaron o estaban?».

Dicen que estoy muerto. Lo hizo saber el Sacerdote del pueblo. Dicen que estoy oculto. Lo manifestó "el que pierde al pueblo". Lo creyó en su deseo, lo creyó en su corazón. Porque "el que pierde al pueblo", el sabio, al punto se aflige con mi canción.

«Estaban... ¿Llegaron o estaban?»

Este canto todo es alabanza satisfactoria del Señor Dios.

IX EL NACIMIENTO DEL UINAL

Así explicó el antiguo sabio Mexchise, el antiguo Gran Profeta, Napuc Tun, Gran Sacerdote solar, y así cantó que, cuando todavía no había despertado el mundo, nació el Mes y empezó a caminar solo.

Y dijo su abuela materna, y su tía, hermana de su madre, y la madre de su padre, y su cuñada:

—¿Por qué se anunció que íbamos a ver gente en el camino?

Así decían mientras caminaban. Era que antes no había gente.

Y entonces llegaron al Oriente. Y manifestaron:

—Alguien ha pasado por aquí. He allí las huellas de sus pies.

«Mide tu pie», dicen que dijo la Señora de la Tierra. Y que fue y midió su pie Dios el Verbo. Este es el origen de que se diga *Xoc-lah-cab, oc-lae, lah-ca-oc*. Este dicho se inventó porque Oxlahun-oc (el de los trece pies), sucedió que emparejó sus pies.

Y partieron del Oriente. Y se dio el nombre de los días que todavía no tenían nombre.

Y caminó con la madre de su madre, y con su tía, hermana de su madre, y con la madre de su padre, y con su cuñada.

Nacido el Mes, nació también el nombre del día, y creó el Cielo y la Tierra, gradualmente: agua, tierra, piedras y árboles.

Y realizó las cosas del mar y de la tierra.

En el Uno Chuen sacó de sí mismo su divinidad e hizo el Cielo y la Tierra.

En el Dos Eb creó la primera escalera, para que Dios bajara en medio del cielo y en medio del agua. No había tierra, ni piedras, ni árboles.

En el Tres Ben creó todas las cosas, la muchedumbre de las cosas; las cosas de los cielos y las cosas del Mar y de la Tierra.

En el Cuatro Ix sucedió que se inclinaron uno sobre el otro el Cielo y la Tierra.

En el Cinco Men aconteció que empezó a trabajar todo.

En el Seis Cib ocurrió que se hizo la primera luz donde no había sol ni luna.

En el Siete Abán nació la primera tierra, allí donde no la había para nosotros antiguamente.

En el Ocho Edznab afirmó sus manos y sus pies y los clavó sobre la tierra.

En el Nueve Cauac se ensayó por vez primera el inframundo.

En el Diez Ahau aconteció que se fueron los hombres malos al infierno, porque todavía no se veía a Dios el Verbo.

En el Once Ix (Imix) sucedió que se hizo las piedras y los árboles. Eso hizo dentro del sol.

En el día Doce Ik aconteció que creó el viento. Y ésta es la causa de que se llame Ik (espíritu); porque no hay muerte dentro de él.

En el Trece Akbal aconteció que tomó agua y humedeció la tierra y labró el cuerpo del hombre.

En el Uno Kan ocurrió que se rompió su ánimo por lo malo que había creado.

En el Dos Chicchan aconteció que apareció lo malo y se vio dentro de los ojos de la gente.

En el Tres Cimil intervino de la muerte. Sucedió que inventó la primera muerte Dios Nuestro Padre.

(Aquí hay un espacio en blanco que correspondería al Cuarto Man-Ik, «el día en que pasa el espíritu»).

En el Cinco Lamat inventó el gran sumidero de la gran laguna del mar.

En el Seis Muluc aconteció que fueron llenados de tierra todos los valles, cuando no había despertado la Tierra. Y aconteció que entró la palabra falsa de Nuestro Padre Dios en todos ellos, cuando no había voz en el Cielo, ni había piedras ni árboles, anteriormente. Y entonces fueron a probarse unos a otros (los días). Y dijeron así: «Trece... Y siete en un grupo». Esto dijeron para que saliera su palabra donde no lo había, cuando el Primer Dios, el Sol, les preguntara su origen. No se les había abierto el instrumento de su voz para que pudieran relacionarse unos con otros. Y se fueron en medio del Cielo y se tomaron de las manos para unirse unos con otros. Y entonces se dijo en medio de la Tierra: «¡Sean abiertos!» Y se abrieron los Cuatro Ah-Toc.

Cuatro *Chic-chan* *Ah-Toc*
Cuatro *Oc* *Ah-Toc*
Cuatro *Men* *Ah-Toc*
Cuatro *Ahau* *Ah-Toc*
Los *Ahau* son Cuatro.

Ocho	*Muluc*	Cinco	*Cauac*
Nueve	*Oc*	Seis	*Ahau*
Diez	*Chuen*	Siete	*Imix*
Once	*Eb*	Ocho	*Ik*
Doce	*Men*	Nueve	*Akbal*
Trece	*Ix*	Diez	*Kan*
Uno	*Men (Ben)*	Once	*Chicchan*
Dos	*Cib*	Doce	*Cimi*
Tres	*Aban*	Trece	*Manik*
Cuatro	*Edznab*	Uno	*Lamat*

Con ellos nació el Mes, cuando despertó la Tierra, y cuando fueron creados el Cielo y la Tierra, y los árboles y las piedras. Todo fue creado por Nuestro Padre Dios, y por su Palabra; allí donde no había cielos ni tierra estaba su Divinidad, que se hizo una nube sola por sí misma, y creó el universo. Y estremeció los cielos su divino y gran poder y majestad.

La relación de los días, día por día, debe leerse empezando por el Oriente, según el orden en que está.

X SUCESOS EN UN KATÚN 10 AHAU

El nombre del año en que llegaron los Dzules: De mil quinientos y diez y nueve años, así: 1519. Aquí hasta la tierra de nosotros, los Itzaes; aquí a la tierra de Yucalpetén, Yucatán, que decían Mayá los Itzaes.

Así lo dijo el primer Adelantado don Juan de Montejo, porque así le había sido dicho por don Lorenzo Chablé, quien, cuando la llegada de este conquistador a Tixkokob, recibió a los Dzules con toda la voluntad de su corazón. Y el origen de que le diera por nombre don Lorenzo Chablé, fue porque dio de comer carne asada a los Dzules y a todos los capitanes. Tuvo un hijo que se llamó don Martín Chablé.

Ese era el año ya entrado cuando empezaron a prepararse los Dzules para conquistar aquí, a Yucalpetén. Lo supo el Sacerdote y Profeta nombrado Ah Xupán. Penetró el cristianismo en 1519 años. Se fundó la Iglesia de Hoó (Mérida) en 1540 años. Se concluyó la Iglesia de Hoó en 1599 años. Hubo vómito de sangre y empezamos a morirnos en 1648 años. Hubo hambre los cinco años, de 1650, 1651, 1652, 1653 y 1654 años. Cuando se acabó el hambre, se originó una gran tempestad. En ella murió el Padre Agustín Gómez. En 1661 hubo grandes sequías. En 1669 «fuego santo» (viruela). En 1692 años, llegó el Diez Katún, empezó el Nicté Katún (el Katún de la Flor).

* * *

Hace tres meses que está presente, Padre. Es el retoño ruin del Yaxum. Después tendrá dura la pezuña; después tendrá nueve cerros, Padre, el ruin retoño del Yaxum. No van a entender que fue creado en el Sol, en presencia de los dioses. En el duodécimo año se dirá su nombre. Míralo. De tigre es su cabeza, de un palmo son sus dientes, raquítico es su cuerpo, de perro es su cuerpo. Atravesado de dolor tiene el corazón; y bien come y bien bebe.

Quizás no habla ni oye.

Será falsa su palabra. De ningún modo se revela.

La hermandad de los esclavos de la tierra se extinguirá de estos lugares, envuelta en redes, y los hijos de sus hijos, muchachos impúberes, árboles de la tierra de mañana. Someteos, vosotros, hermanos, vosotros, hermanitos, y sufrid la carga del Katún, que llega. Si no la sufrís, se encogerán vuestras piernas y os cambiarán por otros. Si no la padecéis, roeréis los troncos de los árboles y las hierbas. Si no la padecéis, como hormigas entrarán los venados a vuestros pueblos y con él el Enemigo, adonde no es su lugar, y entrará a las casas la tiña y será el momento de la muerte repentina de los animales.

Llegó a su estera; un pecado es su voz, un pecado su enseñanza: Es el Katún del pecado. Muy recortado es el pan del Nicté Katún que es el que llegó con infinitos sufrimientos en su estera, cachorro chupador, lleno del pecado de adulterio.

En él viene la Bula. En seis partes se dividió. Tres veces ha de pasar la Bula. Cuando vaya a llegar el Juez de la Bula, si «el del bastón de plata» va a ser el Juez tal vez va a cambiar velas de cera blanca. Y por estas velas blancas, bajará la justicia venida del Cielo, y subirán los hombres cristianos ante el rostro de la justicia, que hará temblar el Cielo y la Tierra. Dolorosamente va a acabar el Nicté Katún. Quizás nadie haya llegado a hablar siquiera, cuando sea colgado de la nuca en el palo de las horcas, que entonces habrán cubierto toda esa tierra. ¡Vendido acabará su historia el Nicté Katún!

No es preciso que entreguéis vuestra cabeza al Arzobispo. Cuando vaya a bajar, id a refugiaros en los montes. Si os entregáis, iréis «detrás» de Jesucristo. Están ahora con los Cocomes.

Cuando vaya a acabar su visita vendrán sus velas y sus flores rociadas. Por esto lo entenderéis. Y entonces tronará en seco el cielo. Y entonces hablará lo que está escrito sobre las paredes. Y diréis que eso es Dios también. Y tendréis fe en que es Dios. Quizás el hombre sabio que esté delante de vuestros ojos comprenda. Y entonces se irá al monte delante de los cristianos, que no comprenderán. Y nada más.

Al decimocuarto año de su gobierno, llegará el Hijo, don Antonio Martínez y Saúl. Estos son sus nombres desde que salió del cielo. Se fue a Tzimentan. Allí está en Tzimentan. Le dijo a una Reina que se casara con él, y a los siete años la recibió en casamiento. Y se le abrió la puerta del oro. En la «casa de aprender el mal» se lo enseñaron. Y entonces inventó barcos. Trece veces cuatrocientos. Y levantó guerra en la Habana, la tierra en donde está el que representa al Rey. Y fue contado al oído del Rey por su representante. Tenía (Martínez) un espía detrás de él, desde que fue allí. Y oyó también que iba a ser prendido. Y entonces salió de allí y se fue a Tzimentan. Allí fue alcanzado.

A los tres meses de haber salido llegó el aprehendedor, a Tzimentan. Y allí entonces lo prendió. Y allí él le cortó el habla al aprehendedor, cuando llegó a Tzimentan, diciéndole: «¡Quita de allí, hombre! Hace tres meses que llegué». Y dice: «Hoy hace tres meses que saliste. Tres meses tardaste en llegar. Ya que llegaste, serás preso en el calabozo, mientras yo vengo. Yo te sacaré del calabozo. Aunque tú seas Capitán, dos tendré a mis espaldas». Y dice: «¡Acércate, desventurado viejo con ese fusil cargado! ¡Va a arder el mar. Voy a alzar velas!». Y despedía fuego en su mirada.

—Vas a zarpar con "espuma en el agua", va a oscurecerse el sol con la lluvia.

Y se le cayó la lengua. Y entonces se decía el Capitán:

—Va a ser estrellado contra la tierra también por la tempestad. ¡Entonces puedo sentarme en mi banquillo mientras vienen los mil doscientos barcos! Y se estará diciendo así mismo también el Rey: «¡Prepárate, señor, ya vienen los franceses!».

—Bueno —me dijo— vamos a morirnos porque somos hombres. ¿Por qué se te caen las fuerzas por un hombre como tú?

—¡Defiéndete! ¡Voy a darte el justo precio de los barcos! Con eso se levantó mi lengua.

—Ardió, ardió el mar; diré que se volcó el firmamento; pero cuando bajé dos barcos estaban a la vista.

—¿Cómo te llamas? —me dijo:

—Yo soy hereje. Vas a purificarme. Me vas a bautizar. Voy a cambiar mi nombre. «Dios, Padre, Dios Hijo, Dios Espíritu Santo» es mi nombre.

Y saqué el Libro de las Siete Generaciones para leerlo. Cuando acabé, pasaban ya tres meses. Los Alcaldes, entonces, dijeron que entregara el impuesto de mi vecindad, «un medio hombre».

—De dónde se paga tu vecindad, mi vecindad, la de todos, de allí has de pagar mi vecindad. Yo soy recién llegado. Esto digo. Que bajó la Justicia para que subieran los cristianos a la bienaventuranza. Y se acabará por pedir que le prueben al Rey si no saben que salen de dentro de la tierra piedras y de dentro de la tierra árboles y se vuelven hombres para fundar pueblos. No hay tigrillos que muerdan; eso era en el Nueve Ahau Katún. Cinco años faltan. Detrás de ellos estoy hablando. Llegará el tiempo en que baje el tributo. Cuando lo hayan pagado levantará a sus guerreros el Gran Padre. No creáis que desperdiciaréis la guerra. Con ella viene la redención del pueblo por Jesucristo, el Guardián de nuestras almas. Así como en la Tierra, así recibirá también vuestras almas en su santo Cielo, hijos míos, el verdadero Dios. Amén.

XI SEGUNDA SERIE DE PALABRAS DEL SUYUA TAN

En el Trece Edznab aconteció la fundación de la tierra. En el Trece Chen, Eb25 se pusieron los cimientos de la Iglesia Mayor, la Casa de aprender en el oscuro, la Iglesia Mayor del cielo. Así fue fundada aquí también. Trece Katunes son su cuenta. De trece fue medida en el cielo; cuatro pies se quitaron. Nueve pies lo que falta por ir hacia arriba. He aquí que fue dos veces construida desde el suelo. Cuatro medidas de pie tuvo cuando salió del suelo.

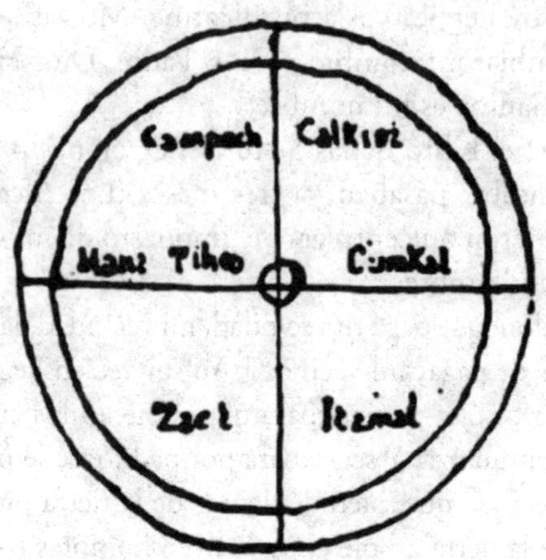

Mapa del norte de Yucatán

He aquí a Maní, el tronco del país. Campeche es la punta del ala del país. Calkiní es el tronco del ala del país. Itzmal es lo de en medio del ala del país. Zací, la punta de la otra ala del país. Conkal es la cabeza del país. En medio está la ciudad de Hoó, Iglesia Mayor, la casa de todos, la casa del bien, la casa de la noche, que es de Dios Padre, Dios Hijo y de Dios Espíritu Santo.

—¿Quién entra a la casa de Dios, padre?

—Aquel a quien se nombra Kulem (el adorador).

—¿Cuál es el día en que se pegó al vientre de la Mujer Virgen, padre?

—El Cuatro Oc se pegó a su vientre.

—¿Hijo, que día marchó?

—El Tres Oc marchó.

—¿Qué día murió?

—El Uno Cimí, murió. Y fue enterrado.

—¿Qué entró a su sepultura, Padre?

—Su caja.

—¿Qué entró a su muslo, Padre?

—La piedra roja.

—Y la piedra de la tierra que entró en el cielo, ¿cómo se llama, Padre?

—La piedra de la Flecha.

—En ese mismo día es que se les pone su pie (a las flechas). Entró la piedra roja y marchó al Oriente. Y vino del Norte y entró la piedra blanca. Y entró la piedra negra al Poniente. Y así también la piedra amarilla al Sur.

* * *

—Hijo, ¿cuáles son los melancólicos agujeros por donde gritan las cañas?

—Los agujeros de la flauta.

—Hijo, allí donde hay cenote,[4] y son muy profundas sus aguas, no hay piedrecitas en su fondo, y hay un arco a la entrada.

—El templo.

—Hijo, ¿y los grandes casamientos? Por ellos caen las fuerzas del Rey, por ellos caían las fuerzas de los Halachuiniques, cuando antiguamente los había, y por ellos caen mis fuerzas también.

—El pan.

—Hijo, ¿has visto las piedras verdosas que son dos y en medio de las cuales hay una cruz alzada?

—Los ojos del hombre.

—Hijo, allí donde hay zorros, hay una huérfana; tiene su collar y tiene su cascabel.

—El perro sin amo.

—Hijo, ¿y el grajo brotado, con sus sesos arrollados, en el trasero del perro y con ciruelas secas pegadas?

—La molleja del guajolote.

4. Pozo de los sacrificios.

—Hijos, traedme al que tiene lazos anudados y al que tiene los dientes salidos.

—El venado y el topo.

—Hijos, ¿y la vieja que tiene trasero de siete cuartas, y la muchacha negra?

—La calabaza (dzol).

—Hijos, ved cuál es la muchacha blanca, que tiene apretado hasta reventarlo el vestido, la que vende pedernales blancos.

—La calabaza de semillas gruesas.

—Hijo, tráeme dos animales amarillos, uno guisado y el otro con la cabeza cortada para beber su sangre.

—El venado amarillo y la jícara en que hay chocolate.

—Hijos, haced llegar aquí veinte piedras «cargadoras», labradas, y dos casados.

—Codornices y tórtolas.

—Hijos, traedme una cosa torcida en tres ramales.

—La iguana.

—Hijos, traedme un buen remedio del pecado para verlo aquí.

—El maguey.

—Hijos, id a traerme aquí la tapa de la entrada del cielo y su escalera, de nueve escalones, todo de miel.

—El pan real.

—Hijo, ¿has visto al viejo del gran comal? Muy grande es su papada. Descuidadamente viene por el suelo.

—El guajolote.

—Hijo, traedme unos viejos cuidadores de milpas. Que en un solo moño traiga él atados los vellos de su pubis con los de su mujer; del lodo de la lluvia traedlos aquí, con muchachas guardadoras de milpa. Yo voy a blanquear a las muchachas, y voy a quitarles los vestidos de encima y me las voy a comer.

—Las jícamas.

—Hijos, traedme a los viejos bailarines para que me diviertan; acaso no bailen mal. Yo los veré.

—Los guajolotes.

—Hijo, ¿y el papagayo que tira su ropa y tira su camisa y su capa y su sombrero y sus zapatos? Hijo, por donde tú estabas pasó. Quizás por allí pasaste; por la alta piedra que va inclinada hasta la entrada del cielo, y que está en la puerta de la muralla. Cuando pasaste por allí, ¿viste unos hombres que venían mancornados delante de ti? Allí hay una gran fiesta con el venerable Ah Kulel.

—La pupila de los ojos y la pareja de los dos ojos.

—Hijo, ¿viste amarrarse el agua de Dios? Pasó debajo del bien de Dios y entró debajo del bien de Dios, allí donde está la cruz de la llanura. Por la redondez del cielo pasa el agua de Dios. Hijo, por donde pasa el agua de Dios salen árboles estériles.

—Padre, la cabeza del hombre. Y la bebida del hombre loco, que pasa por su garganta y sale por su trasero.

—Hijo, ¿a quién viste hace un rato por el camino, hijo, por donde pasaste por delante de tus parientes que atados hacía venir detrás de ti?

—No podía yo esperar a mis parientes. Los espero en el juicio de Dios, cuando yo muera.

—La sombra del cuerpo.

—Hijo, ¿a quién descubriste en el camino? ¿Viste acaso a unos viejos que tenían a unos muchachos con ellos?

—Padre, esos viejos que descubrí en el camino estaban junto a mí y no podían dejarme; éstos son: el dedo gordo del pie y los demás dedos.

—Hijo, ¿viste a unas viejas que llevaban en brazos a sus hijastros y a otros muchachos?

—Padre, aquí están junto a mí mientras como; no puedo abandonarlos. El pulgar de la mano y los otros dedos.

—Hijo, por dónde pasaste hay un río.

—Padre, ese río está conmigo. Es el «camino de mi espalda».

—Hijo, ¿dónde viste un viejo a caballo atravesado en el río?

—Padre, ese viejo está conmigo. «El caballo» es el de mi espalda. Y lo que dicen la hiel, eso es el viejo.

—Hijo, ese viejo que está en tus espaldas y lo que llamas camino, se ve que es cierto y exacto. Hijo, ve a buscar el corazón de la piedra y el hígado de la tierra, para que yo los vea, mañana. Verás un gigante y un corcovado, que así se irán al infierno.

—Aquellos son la liebre y el agutí. Y el Batab y el Ah Kulel; de piedra es el corazón de estos hombres. Y la tapa de la entrada de la garganta del infierno, son el camote y la jícama.

—Hijo, ve a coger una mujer con los dientes húmedos, que tenga arremolinados los cabellos, muy hermosa y virgen. Yo le quitaré su falda y su vestido. Estaré muy contento de verla. Su olor será de tierra y un remolino será su cabeza.

—Esta es la mazorca tierna del maíz (el elote) hecha pibil (cocida bajo tierra).

—Hijo, ahora ve a coger un viejo y la yerba de delante del mar (de la playa).

—El viejo es la tortuga. La yerba es el cangrejo.

—Hijo, ahora ve a coger las piedras del fondo del monte. Son negras.

—La tortuga chamuscada.

—Hijo, ahora ve a traerme la piedra de la llanura de aquí, que es la codorniz, y los venerables brujos que se hacen dos a sí mismos.

—Estos son el topo y la liebre. Y el agutí y el jabalí.

—Hijo, traeme el muslo de la tierra.

—La yuca.

—Hijo, traeme el gran bailarín y el gran cantor.

—El guajolote montés y el guajolote doméstico.

—Hijo, preséntame a tu hija. Al amanecer de mañana la veré.

—Primero vendrá un poco; después vendrá mucho. Y

que el retoño del monte se ate bien el ceñidor de su cabeza. Allí tendrá su «rebozo». Yo le quitaré su rebozo. Y el Ah kulel estará detrás. Hijo, entonces ve a coger un botón de flor que dé su perfume en el día de mañana.

—El maíz tostado con miel.

—Hijo, desde aquí he oído noticias de que almacenas en tu casa muchas rocas de la cueva. Rízalas para verlas aquí a la hora de comer.

—El huevo frito.

* * *

Gana y entonces se lleva contento la piedra roja que ha soñado. Jugo del cielo, rocío del cielo.

* * *

—Sueña que tú coges, hasta el día en que seas cogido de la tierra. Sueño es el rocío del cielo, el jugo del cielo; la flor amarilla del cielo es sueño. ¿Por ventura yo te he tomado tu tiempo, te he tomado tu alimento? ¡Basta! ¡Mejor fuera que hubiese tomado tu piedra! Yo te he cogido detenido en tu distracción, para que agradezcas la virtud de tu amanecer. Cuando a él fuiste enviado, cogiste palabra de lo oculto. Yo te cogí y te contuve, hasta hoy que dejo que sea oída tu virtud por tu Señor. Espera de él que hable la piedra que dejé resbalar en tu boca, la sagrada piedra preciosa.

* * *

—El que vaya a continuar adelante en la explicación de los Ahaues, que han sido tratados aquí, que vaya a estudiar para que entienda.

El Once Ahau se asienta el Katún en Ichcaansihó. Yaxhaal Chac es su rostro. Descienden hojas del cielo, descienden perfumes del cielo. Suenan las músicas, suenan las sonajas del de los Nueve Pies. En un día en que habrá los primeros pavos de monte, el día en que aparecerá la Serpiente Mojada (Zulum Chan), en el día de Chakón-Putún, se comerán árboles, se comerán piedras; se habrá perdido la comida dentro del Once Ahau Katún.

* * *

Con siete tiempos de abundancia se asienta el Katún, el Cuatro Ahau Katún, en Chichén. Siete tiempos de abundancia son el asiento del Gran Derramador de agua. Tapado está su rostro y cerrados sus ojos bajo sus lluvias, sobre su maíz esparcido con abundancia. Llenos de hartura están su estera y su trono. Y se vierte su carga. Habrá un día en que esté blanco su ropaje y blanca su cintura, y sea aplastado por el chorro del pan del Katún. Llegarán plumajes, llegarán pájaros verdes, llegarán fardos, llegarán tordos cantores, llegarán tapires; se cubrirá de tributo Chichén.

* * *

No Zaquí, sino Mayapán es el asiento del Katún, del Dos Ahau Katún. Cuando se haya asentado el Katún, bajarán cuerdas, bajará la ponzoña de la peste. Tres cerros de calaveras harán una rueda blanca a su cuerpo cuando venga con su carga atada. Ahogándose cogerá en su lecho un soplo de viento. Tres veces dejará caer su pan. Mediana hambre, mediano pan. Esta es la servidumbre del Dos Ahau Katún.

* * *

Kinchil Cobá es el asiento del Katún, del Trece Ahau Katún. El dios maya Itzám, dará su rostro a su reinado. Se manifestará tres veces en tres años, y cuando se cierre la décima generación. Semejantes a las de la palmera serán sus hojas. Igual al de la palmera será su olor. Su cielo estará cargado de rayos. Sin lluvias chorreará el pan del Katún, del Trece Ahau Katún. Multitud de lunares son la carga del Katún. Se perderán los hombres y se perderán los dioses. Cinco días será mordido el sol, y será visto.[5] Esta es la carga del Trece Ahau Katún.

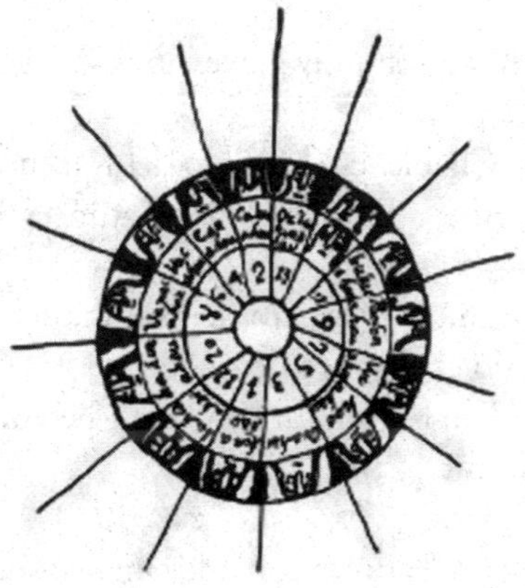

La rueda de los Katunes

TEXTO DE LA RUEDA DE LOS KATUNES

1.- Emal, es el asiento del Katún, del Uno Ahau Katún. Bajarán cíngulos, bajarán cuerdas, en el día en que bajen la Espuma, el Libro y el Pez.

2.- Dos Ahau Maya Cuzamil. Mayapán.

3.- Suhuy-uah, es el asiento del Katún, del Tres Ahau Katún. Se tenderá el cuero de la Serpiente y el cuero del

5. Un eclipse.

Tigre. Luciérnagas azules anunciarán el rostro del Señor del Tres Ahau Katún.

4.- El Cuatro Ahau, con gran abundancia se asienta el Katún en Chichén Itzá.

5.- Zodzil, es el asiento del Katún, del Cinco Ahau. Se le escapará la máscara al Señor del Cinco Ahau Katún.

6.- En gran abundancia se asienta el Seis Ahau Katún.

7.- Mayapán, es el asiento del Katún del Siete Ahau.

8.- Lahun (?) Chablé es el asiento del Katún del Ocho Ahau.

9.- Nueve Ahau. En muy graves años se asienta el Katún del Nueve Ahau.

10.- Lahun-Chablé, es el asiento del Katún Diez Ahau.

11.- Once Ahau. El asiento del Katún es Ichcaansihó. Relámpagos.

12.- Saclahtun, es el asiento del Katún, del Doce Ahau. Azul y quemado es el rostro de su Señor.

13.- Trece Ahau Katún. En Kin-colah-petén, se asienta el Trece Ahau Katún.

Relación de los Katunes contados una vez que fue hallada Chicén Itzá.

Desde muy antiguo estaba escrita en esta tierra para que pudiera ser sabida por cualquiera que quisiera saber la cuenta de los Katunes.

VI. EN EL SEIS AHAU SUCEDIÓ QUE DESCUBRIERON CHICHÉN ITZÁ.

IV. Cuatro Ahau.

II. Dos Ahau.

XIII. Trece Ahau.

XI. Once Ahau.

IX. Nueve Ahau
VII. Siete Ahau.
V. Cinco Ahau.
III. Tres Ahau.
I. Uno Ahau.
XII. Doce Ahau.
X. Diez Ahau.
VIII. Ocho Ahau. Fue abandonada Chichén Itzá, después de trece dobleces del Katún. Y se establecieron en Chacán-putún, en sus casas, durante este Katún.

* * *

VI. Seis Ahau.
IV. Cuatro Ahau. Fue conquistada por ellos la tierra de Chakán-putún.
II. Dos Ahau.
XIII. Trece Ahau.
XI. Once Ahau.
IX. Nueve Ahau.
VII. Siete Ahau.
V. Cinco Ahau.
III. Tres Ahau.
I. Uno Ahau.
XII. Doce Ahau.
X. Diez Ahau.
VIII. Ocho Ahau. Fue abandonado Chacán-putún, por los hombres Itzaes. Y vinieron a establecer sus casas otra vez. Trece dobleces del Katún estuvieron en sus casas de Chakán-putún. En este mismo Katún fueron los Itzaes a vivir bajo los árboles, bajo los arbustos, bajo su pobreza.

* * *

VI. Seis Ahau.

IV. Cuatro Ahau.

II. Dos Ahau.

XIII. Trece Ahau.

XI. Once Ahau.

IX. Nueve Ahau.

VII. Siete Ahau.

V. Cinco Ahau.

III. Tres Ahau.

I. Uno Ahau.

XII. Doce Ahau.

X. Diez Ahau.

VIII. Ocho Ahau. Fueron dispersados los Itzaes de sus casas por segunda vez, por el «pecado de palabra» de Hunacceel, por sus pendencias con los de Itzmal. Trece dobleces del Katún habían estado establecidos, cuando fueron dispersados por Hunacceel, «para dar el entendimiento» de los Itzaes.

* * *

VI. Seis Ahau.

IV. Cuatro Ahau. Fue conquistada la tierra de Mayapán, la amurallada, por los Itzaes, que habían sido arrojados de sus casas por los de Itzmal, a causa de la «traición» de Hunacceel.

II. Dos Ahau.

XIII. Trece Ahau.

XI. Once Ahau.

IX. Nueve Ahau.

VII. Siete Ahau.

V. Cinco Ahau.

III. Tres Ahau.

I. Uno Ahau.

XII. Doce Ahau.

X. Diez Ahau.

VIII. Ocho Ahau. Fue derrumbada Mayapán la amurallada, porque los de detrás de la muralla destruyeron la fortaleza, para exterminar de la ciudad de Mayapán el poder reunido en ella.

* * *

VI. Seis Ahau.

IV. Cuatro Ahau. Hubo peste. Entraron los zopilotes a las casas, dentro de las murallas.

II. Dos Ahau. Hubo viruela, viruela grande.

XIII. Trece Ahau. Murió Ah-Pulá. Seis años faltaban de la antigua cuenta de los años, hacia el Oriente. El Cuatro Kan se detuvo Pop al Oriente. He aquí que yo cuidadosamente puse cabeza contra cabeza los Katunes y los años: El día Dieciocho Zip del Noveno mes Imix del Año Trece Ahau, es el día de la muerte de Ah-Pulá, Napot Xiú, en el año de 1508.

XI. Once Ahau. Llegaron los «hombres de Dios», del Oriente, los que trajeron el sufrimiento. Su primer contacto, aquí en la tierra de nosotros, los hombres mayas, fue en el año de 1513 años.

IX. Nueve Ahau. Empezó el cristianismo. Sucedió el bautismo. Este vino dentro del Katún en que llegó el Obispo Toral. También cesó el ahorcamiento en el año de 1546.

VII. Siete Ahau. Murió el Obispo De Landa.

V. Cinco Ahau.

III. Tres Ahau.

* * *

Cuatro Ahau es el nombre del Katún en que nacieron. Los Pauáh que fueron sus Reyes. Numerosas edades se sucedieron siendo su nombre poderoso.

Cuatro Ahau es el nombre del Katún en que llegaron, la «Gran Bajada», la «Pequeña Bajada», que así se nombran. Numerosas épocas tuvieron poder, tuvieron renombre.

Cuatro Ahau es el Katún en que ocurrió que buscaron Chichén Itzá. Allí les fueron ofrecidas las sagradas maravillas por sus Padres y Señores. Cuatro grupos salieron. «Las cuatro divisiones de la tierra» se nombran. Del Oriente, a Kincolah-petén fue un grupo. Del Norte, a Naco-cob fue otro grupo. De aquí salió una 91 división a la entrada de Suyua, hacia el oeste, al lugar de las cuatro montañas. «Las Nueve Montañas» se llamó a su tierra.

Cuatro Ahau es el Katún en que aconteció que invitaron a los de las Cuatro Divisiones, nombradas Cantzuculcab, para que vinieran. Fueron «hechos Padres» cuando vinieron a Chichén Itzá. Itzaes entonces se llamaron. Trece Katunes ejercieron poder. Y fueron traicionados por Hunacceel. Y abandonaron sus tierras. Y fueron a los bosques desiertos que se llaman Tanxulucmul. Cuatro Ahau es el Katún en que fue el clamor de los espíritus. Trece Katunes pasaron en el sufrimiento y en el exilio.

Ocho Ahau es el Katún en que sucedió que llegaron los restos de los llamados Itzaes. Llegaron y alzaron su poder en Chakanputún. El Trece Ahau es el Katún en que fundaron la ciudad de Mayapán. Hombres Mayas se denominaron. En el Ocho Ahau abandonaron sus tierras y se extendieron por todo el país. En el Seis Ahau fueron dispersados y dejaron de denominarse mayas en el Once. «Mayas cristianos» se denominaron todos, vasallos de los sucesores de San Pedro y de la Majestad del Rey.

* * *

Relación de los Katunes de los Itzaes, que se nombran Katunes Mayas.

Doce Ahau.
Diez Ahau.
Ocho Ahau.
Seis Ahau. Derrotaron a los de Coní.
Cuatro Ahau.
Dos Ahau.
Trece Ahau.
Once Ahau.
Nueve Ahau.
Siete Ahau.
Cinco Ahau. Fue destruida la tierra de los dioses de Itzmal, Kinich-Kakmó y Pop-hol-chac, por Hunacceel.
Tres Ahau.
Uno Ahau. Fueron dispersados los restos de los Itzaes en Chichén. En el tercer año dentro del Uno Ahau fue arrasada Chichén.
Doce Ahau.
Diez Ahau.
Ocho Ahau. Este es el Katún en que fundaron tierras los restos de los Itzaes, que venían del bosque, de debajo de sus cenizas. Tan Xulucmul, es su nombre. De allí salieron y fundaron Zac-lac-tun, nombrada Mayapán. En el séptimo año Tun, del Ocho Ahau Katún, fue vencido Chakanputún por Kak-upacat y Tec-uilu.
Seis Ahau. Cuatro Ahau. Dos Ahau. Trece Ahau. Once Ahau. Nueve Ahau. Siete Ahau. Cinco Aahu. Llegó el Señor Extranjero de los «mordedores de hombres», llamado «el Señor sin vestidos». No se arruinó la región por ellos.
Tres Ahau.
Uno Ahau. Fue destruida la comarca de Tancáh, llamada Mayapán. En el primer año Tun dentro del Uno Ahau Katún, salió de allí el Soberano Tutul y los príncipes de la tierra y los Cantzuculcab. En ese Katún fueron vencidos los hombres de Tancáh y se dispersaron los príncipes de la tierra.

Doce Ahau. Se tomó su piedra en Otzmal.

Diez Ahau. Se tomó su piedra de Sisal.

Ocho Ahau. Se tomó su piedra en Kancabá.

Seis Ahau. Se tomó su piedra de Hunacthí.

Cuatro Ahau. Se tomó su piedra en Ti-Kuh. En este Katún hubo peste, dentro del quinto año de este Cuatro Ahau Katún.

Dos Ahau. Se tomó su piedra en Chacalná.

Trece Ahau. Se tomó su piedra en Euan.

Once Ahau. Este es el comienzo. En Kincolahpetén se tomó su piedra. En este Katún murió Ah-Pulá, nombrado Napot Xiú, en el primer año (Tun) del Once Ahau. Este es el Katún en que llegaron por primera vez los españoles aquí a esta tierra. En el séptimo año (Tun) del Once Ahau Katún. Fue cuando empezó el cristianismo. En el año de mil quinientos diez y nueve.

Nueve Ahau. No se tomó su piedra. En este Katún llegó el primer Obispo, Fray Francisco Toral. Llegó en el sexto año (Tun) de este Nueve Ahau Katún.

Seis Ahau. No se tomó su piedra. Murió el Obispo de Landa en este Katún y llegó el sustituto del Obispo también.

Cinco Ahau.

Tres Ahau.

* * *

Estoy en 18 de agosto de este año de 1766. Hubo tormenta de viento. Escribo su memoria para que se pueda ver cuántos años después va a haber otra.

* * *

Heme aquí en 20 de enero de 1782. Fue cuando se propagó la «inflamación» aquí en el pueblo de Chumayel. Se hincha la garganta de las gentes y baja hasta abajo también.

Desde los chicos hasta los grandes, barre una casa cuando entra. Esta es su medicina: ceniza aceda y limones, o yerba de sisal para los niños. Empezó desde el año 81. Entonces hubo también grandes sequías porque no llegaban las lluvias. Se quemaron todos los montes y se murió todo lo salvaje también. Esta es la memoria que escribo yo.

Don Juan Josef Hoil

(Una rúbrica de marcado carácter español antiguo, como la letra).

(Aquí termina a todas luces la primitiva compilación. Sigue una hoja con un apunte en letra muy temblorosa e inhábil que dice casi ilegiblemente): Chumayel y junio 28 de 1838. Sucedió que presté el Chilam Balam, yo Pedro Briseño.

(Otra hoja adicionada, que forma la 84 del manuscrito): miércoles. Estoy en 4 del 1832 —abril—. Ocurrió que di el nombre de María Isidora, hija de Andrés Balam y María Juana Sicuras. (?) Domingo. Estoy en 2 de diciembre de 1832. Sucedió que señalé el nombre de Tomás, hijo de Andrés Balam y María Juana Xicum. Padrinos; por María Carbajal, Madrina, Micaela Marín. Justo Balam. Cura, fray (ilegible).

(Otro carácter de letra). Este es el día en que compré este libro. 1° de julio de 1838. Me costó dentro de la pobreza, me costó este libro tres pesos. Este es el año en que lo compré. Lo señalo para que se sepa que día pasó a mis manos. Yo, Pedro de Alcántara Briceño, vecino de San Antonio.

XIII VATICINIOS DE LOS TRECE KATUNES

En el Trece Ahau Katún arribó por primera vez a Campeche el barco de los Dzules. Mil quinientos cuarenta y uno es el año en que esto aconteció. Y con ellos vino el tiempo en que entraron en el cristianismo los hombres mayas. Fundaron pueblo en Tan-tun Cuzamil, y estuvieron allí un medio año. Y se fueron por la «puerta del agua» hacia el Poniente. Fue cuando les vino el tributo a los Cheles del Poniente. Cuando esto pasaba, era el año de 1542.

Fundaron la comarca de Hoó, Ichcaansihó, en el Once Ahau Katún. Su Primer Jefe (halach-uinic) era don Francisco de Montejo, Adelantado. Él dio sus pueblos a los Dzules, «hombres de Dios», dentro del año en que llegaron los Padres, cuatro años después de llegar los Dzules. Empezó a «penetrar agua sobre la cabeza de los hombres». Se establecieron los Padres y se les repartieron pueblos.

En el año de mil quinientos cuarenta y cuatro se cumplían 675 años de que había sido abandonada la ciudad de Chichén Itzá y dispersados sus moradores. Y 870 años de que había sido destruida la ciudad de Uxmal y abandonadas sus tierras.

En el año de mil quinientos treinta y siete, el día llamado Nueve Cauac, aconteció que se juntaron los nobles en Consejo en la ciudad de Maní, para tomar Señor para su pueblo, porque había sido muerto su Soberano.

* * *

He aquí sus nombres: Ah Moó-Chan-Xiú, Na-Haés-Ez, Ah Dzun-Chinab, Ná-Poot-Cupul, Ná-Pot-Chá, Ná-Batún-Itzá, Ah-Kin-Euan que vino de Caucel, Nachán-Uc que vino de Dzibilcal, Ah-Kin-Ucan que vino de Ekob, Na-chí-Uc, Ah-Kul-Koh, Nachán Mutul, y Nahaú-Coyí. Estos que eran los grandes hombres de la comarca dijeron que iba a tomarse Señor para su pueblo, porque había sido muerto su Soberano, Ah Napot-Xiú, en Otzmal.

El Diez Kan era el «cargador del año» en que pasaron «los buscadores de pueblos», de los cuales el nombrado Montejo era el que «escribía los pueblos». El mismo año era cuando pasaron los extranjeros, señores de las tierras, los extranjeros «comedores de anonas». Entonces fue el primer repartimiento de pueblos. Y cuando vinieron los Dzules a tomarlos «recibidores de visita» fueron a Campeche, adonde salió su barco, y fueron los nobles a darles la bienvenida. Trece embajadores fueron a recibir a los Dzules, y con ellos vinieron a Ichcaansihó. Esto aconteció en el Nueve Ahau Katún.

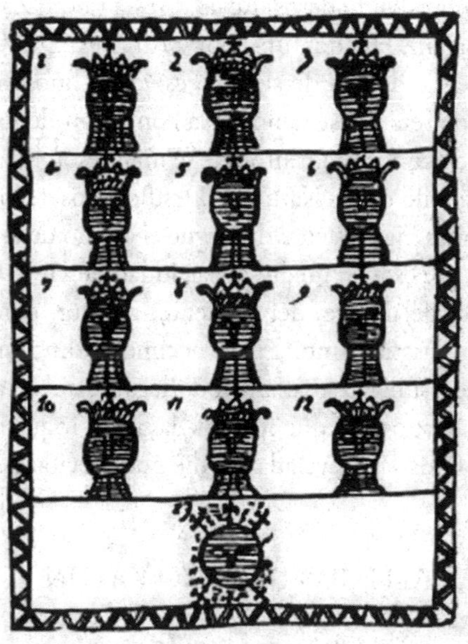

Los señores de los Trece Katunes

La relación de la explicación de la sabiduría de los Libros Sagrados, y del orden del desarrollo de las épocas, aquí finaliza, en estas tierras de Nitún-dzalá, Chactemal, Tah-Uaymil, Holtún Itzá, Chichimilá, para que se pudiera saber la «carga» del paso de los Katunes. Uno por uno, cada Katún, ya fuera bueno, ya fuera malo, así era escrito por los escritores de lo sagrado. Evangelistas. Es la palabra del Señor del Cielo y de la Tierra, el fuego encendido en el rostro del Sol, que vino de arriba, que les fue enviado. Así ellos saben el principio de la Tierra, el tronco de nuestra raza, y en el recto hablar de los escritores sagrados lo han puesto en los libros. Repuldorio. No tiene error. Muy cuidadosamente revisado, ha sido estampado en este libro por cuatro hombres de noble linaje, venidos del Cielo, jugo del Cielo, rocío del Cielo, Hombres Verdaderos, Reyes de esta tierra: Zacaalpuc, Hooltun-Balam, Hochchtun-Poot y Ah Mex-Cuc-Chan.

He aquí que dentro de siete veces veinte años entrará el cristianismo. Será el estruendo y la confusión de los Reyes, y la guerra de conquista. Entonces se manifestarán las profecías y el vaticinio de los Katunes. ¡Desdichados de los rostros de las Grandes Figuras cuando llegue el dueño de la Casa de Adoración que está en medio de la ciudad de Hoó! Llegarán del Oriente, del Norte, del Poniente, del Sur, para dar su lengua y su cristianismo. En el decimoséptimo año, para que se pueda subir al cristianismo, llegarán sus Padres, llegarán sus Obispos y la que se llama la Santa Inquisición. La Palabra de Dios será revelada. Nadie podrá evitarlo. Amén.

CAPÍTULO DEL AÑO KATÚN

Primero

Once Ahau. Primera fundación de la tierra por los Dzules.

El Once Ahau Katún es el inicio de la cuenta de los Katunes, es el primer Katún. Ichcaansihó es el asiento de este Katún.

Llegan los Dzules. Rojas son sus barbas. Son hijos del Sol. Del Oriente vienen; cuando llegan a esta tierra, son los señores de la tierra. Son hombres blancos... El principio del tiempo de la flor. Derraman flores.

¡Ah, Itzaes! ¡Preparaos! Ya viene el blanco gemelo del cielo, ya viene el niño todo blanco; el blanco árbol santo va a bajar del cielo. A un grito, a una legua de su camino, veréis su anuncio. ¡Ay, será el anochecer para nosotros cuando lleguen! ¡Grandes recogedores de maderos, y de piedras, los «gavilanes blancos de la tierra»! ¡Encienden fuego en las puntas de sus manos, y al mismo tiempo esconden su ponzoña y sus cuerdas para ahorcar a sus padres!

¡Ah, Itzaes! ¡Aquí está vuestro dios! No hay necesidad ninguna de ese verdadero dios que ha bajado. Un pecado es su hablar, un pecado es su enseñanza. Sordos serán sus guerreros, mezquinos serán sus capitanes. ¿Quién será el Profeta que lo entienda, ahora que viene a Tancah de Mayapán y a Chichén Itzá?

¡Ay, hermanitos niños, dentro del Once Ahau Katún viene el peso del dolor, el rigor de la miseria, y el tributo! Apenas nacéis y ya estáis corcoveando bajo el tributo, ¡ramas de los árboles de mañana! Ahora que ha venido, hijos, preparaos a pasar la carga de la amargura que llega en este Katún, que es el tiempo de la tristeza, el tiempo del pleito del diablo, que llega dentro del Once Ahau Katún.

¡Recibid, recibid a vuestros huéspedes barbados que conducen la señal de Dios! ¡Vienen vuestros hermanos, ah tantunes! Vienen a pedir su ofrenda. ¡Confundíos con ellos!

He aquí el nombre de sus sacerdotes.

Ah Misnilac-pet (los que tienen un círculo en la cabeza y barren el plato con las narices). De leoncillo, de Anticristo será su semblante en el tiempo en que vengan, en el día que ya está delante de vosotros. ¡Ay, se aumentará la miseria, hijos míos!

Esta es la palabra de Nuestro Padre: Arderá la tierra. Aparecerán círculos blancos en el cielo, en el día que ha de llegar. Viene de la boca de Dios, no es palabra mentirosa. ¡Ay, pesada es la servidumbre que llega dentro del cristianismo! ¡Ya está viniendo! ¡Serán esclavas las palabras, esclavos los árboles, esclavas las piedras, esclavos los hombres, cuando venga! Llegará... y lo veréis. Sus Halach uiniques son los del trono del segundo tiempo, los de la estera del segundo tiempo, dentro de los días del uayeyab, los días maléficos. Con esto acaba la palabra de Dios. Once justas son sus jícaras. De enfado es el aspecto de la cara de su dios. Todo lo que enseña, todo lo que habla, es: «¡Vais a morir!» ¡Vais a vivir, vosotros, los que entendáis las palabras de estas escrituras de vida, hijos de Mayapán! «Se engendró a sí mismo. Su justicia lo puso en la prisión. Ella lo sacó para que fuera atado y azotado. Y entonces vino a sentarse en el za, y sus zapatos en sus pies. Atado está su cíngulo a su cintura. Ya está llegando».

Segundo

1560

El Nueve Ahau Katún, el segundo Katún, se cuenta en Ichcaansihó, que es el asiento de este Katún. Allí reciben su tributo los señores de la tierra. Allí arribaron los dueños de nuestras almas. Allí se unieron todos los pueblos. Allí se distribuyeron las comarcas a sus Jefes. Allí se empezó a aprender la santa fe. Allí comenzó a «entrar agua a las cabezas». Allí se fundaron los cimientos de la Santa Iglesia Mayor, el palacio de Dios, la virtuosa casa abierta de Dios. Allí se estableció el fundamento de los siete Sacramentos.

Allí se perdió... (ilegible). Allí comenzó el trabajo de destrucción en medio del pueblo... la miseria de todo el mundo. Allí se alzó el bien de la palabra de Dios, el mensaje venido de la boca de Dios. Allí llegará una blanca criatura venida del cielo nombrada la Mujer Virgen. Su casa son siete estrellas rojas.

El Nueve Ahau habrá alcanzado su noveno año, cuando se aceptará el cristianismo. Así está escrito por el Profeta Chilam Balam, con el sagrado Sello del Cielo. Eterno es su tiempo en el cielo, como aquí en la tierra. Del «Espíritu del

Cielo», del «Libro del Cielo» baja la palabra de Dios, que viene del cielo para el mundo entero.

Nueve son sus platos, nueve son sus jícaras. ¡Ah, guardaos, Itzaes! No os entreguéis del todo a vuestros huéspedes. Los devoraréis. Ellos os devorarán a vosotros también.

Eso acontecerá.

Tercero

1580

El Siete Ahau Katún es el tercer Katún. Ichcaansihó es el asiento de este Katún. Relampaguea el semblante de su Señorío y de su sabiduría, delante de la ruina de abajo, delante de los golpes de abajo, que cortan la flor del pan y la flor del agua. Le duele que se inicie la lujuria de los hombres sabios. Llama a las flores, y llama a los guerreros. Allí empieza... Eso pedirá de una vez a todos. De flores es su vestido, de flores su cara, de flores sus zapatos, de flores su cabeza, de flores su caminar. Torcida es su garganta, ladeada su boca, entrecerrados sus ojos, y se le escapa la saliva. Así sus hombres, sus mujeres, sus príncipes, su justicia, sus prelados, sus cristianos, sus maestros, sus grandes, sus pequeños.

No hay Gran Sabiduría. Muy perdidos están para ellos el Cielo y la Tierra. Muy perdida está la vergüenza. Serán ahorcados los soberanos y los reyes de esta tierra, los príncipes de sus pueblos y los sacerdotes de los mayas. Perdido estará entonces el entendimiento y perdida la sabiduría.

¡Preparaos, Itzaes! Vuestros hijos verán extinguirse el Katún a los golpes de la guerra. Loco es el hablar, loco el semblante del reinado del Rey de los espantajos colorados.

Siete son sus platos, siete sus jícaras. Es la palabra de Dios. Incontables muertes de horca son la carga de este Katún.

Cuarto

El Cinco Ahau Katún es el cuarto Katún. Ichcaansihó es el asiento de este Katún. Duro es el semblante, duro es el anuncio de su reinado. Mordedor de hijos, cuando venga empezará el pleito del diablo en el mundo. Y allí irá él con su cara de amargura.

Las dádivas abrirán el cielo. Y se abrirá con sobornos la sucesión en los oficios públicos. Ocurrirá que habrá ahorcados en todas partes. El que levante la cabeza... será mordido. El que levante la cabeza, agujereada la bajará. Vendidos y revendidos serán los hijos. Será cogido el Padre de todos. Y habrá un día en que se percibirá la danza de las hachas.

Tres grandes montones de grandes hormigas inundarán la tierra. Y cubrirán las cercas del que pone nuestros corazones dentro del tributo. ¡Será el rigor del sufrimiento, el rigor de la discordia; el gobierno de los zorros, el gobierno de los gatos monteses, el gobierno de las chinches, el gobierno de los chupadores, azote de los pueblos!

Diciendo viene con voz de trueno: «¡Voy a golpear tu espalda!». Y a ti, hermanito, hermano, te pondrá de cuatro pies delante de su vista. Es el tiempo del zorro hipócrita. De flores es su banquillo. Se sienta en su trono en medio de la plaza, en medio de su estera —falso trono, falsa estera— en donde estaba antes en el pueblo la Abeja Guardiana de la Colmena.

Los dos, el cacique zorro «que pone en cuatro pies» van a dar la peste. Será el principio de las deudas, que eran muy pocas antes, y esto se llamará ahora «la primera vez que se revuelve el gallinero».

Este será el Katún de las traiciones. Tancáh de Mayapán y la gran Zuhuyuá del tributo, se resbalarán siguiendo al tigre y al tigrillo. ¡Doloroso Katún, dolorosos años de tiránico reinado!

Continuos ahorcamientos son la carga del Katún. Si se ahorcara al gobernador de esta tierra, sería el fin de la miseria de los hombres mayas. Y se aligeraría la venida de los Paymiles, para que todo tomara su camino recto.

Quinto

1620

El Tres Ahau Katún es el quinto Katún. Ichcaansihó es el asiento de este Katún. De Ek-Cocab-Mut es el rostro de su reinado y de su sabiduría. De Anticristo es el rostro de su Señorío.

Se encenderá fuego en los cuernos del venado. En Ichcaansihó será extendida del revés la piel del jaguar, en medio de la plaza. Aspecto de perro tiene.

La luna tendrá círculos blancos de lluvia. Se empaparán los cielos de lluvias; resonarán los cielos de aguaceros; las lluvias aseatarán los cielos, las lluvias celestiales, celestiales lluvias, lluvias del algodón, lluvias de los gallos, lluvias de los venados.

Bajarán hormigas como tigres, largas como tres medidas de hombre. Vendrán años de langosta. Tres veces «colgarán su miseria». Tres veces morirán las hojas del chile.

Con acento sordo y triste se irán contando por las encrucijadas de los caminos los signos del Katún.

Gemirán las almas de los muertos en los socavones de la ciudad de piedra de los Itzaes.

Dirá cuando venga: «Heme aquí, me asiento en Ichcaansihó. Heme aquí. Soy César Augusto que me siento a recibir mi limosna en el desierto...».

(Falta una página).

Primero

1640

El Uno Ahau Katún es el séptimo Katún. Emal es el asiento del Katún, en el tiempo en que llegan Ix Puc-Yolá y Ox Ualah-cii. Bajarán cuerdas, y cardones del cielo. Su palabra no será mentira. Vienen para que se cumpla la palabra del Señor del Cielo, que es la palabra verdadera.

De perro es su señal, de zopilote es su señal. Una bandera es su segundo cuerpo. De zorro es la cara de su reinado. Estériles son su entendimiento y su palabra. Estéril es su miembro viril y abollada está la cuchilla de pedernal de su reinado y de su sabiduría.

Millares de verrugas llegarán a morder a Balam y a Canul. Con gran sufrimiento llegó el hambre, cuando desapareció el alimento. La satisfacción se perdió junto con la comida. Siete años picará una verruga, siete años picará al Guardián del Templo. Y bajará la justicia de Nuestro Padre Dios sobre los destructores, sobre los gavilanes blancos de los pueblos, sobre los muñecos colorados, los pícaros villanos. Entonces llegará otro diferente lenguaje y otra enseñanza diferente.

No creerán los hombres mayas. Será cantada dentro de ellos la palabra de Dios, el Señor del Cielo, para que enderecen su camino, para que rechacen lo malo de sus obras. Los viejos hombres mayas no desearán oír la palabra de Dios, en casa de su Padre y de su Juez. Serán apesadumbrados por el Rey del mundo. Poco es lo que creen y ni eso creen tampoco. No importa —decía—, todos están alegres.

Los Guardianes de la Colmena encenderán el fuego, que es la Señal del purísimo y único dios de los mayas en la virginidad de la Única iglesia. Allí será proclamada y allí será oída la palabra del Señor del Cielo, del Señor de la Tierra.

Se llenará de tristeza el mundo. Se estremecerá el ala de esta tierra y se estremecerá el centro de esta tierra en el día que lleguen los venerables Señores Ah-Bentanes. Es la palabra de Dios.

En tres partes bajará la justicia de Nuestro Padre el Dios sobre todo el mundo.

Vendrá una gran guerra sobre los gavilanes blancos de los pueblos. Y se sabrá si es verdaderamente fuerte su fe cuando bajen los siervos a regar agua caliente en la cara de las polillas de la tierra, de los pícaros bellacos, de los buitres de los pueblos, de los ocelotes de los pueblos.

Y llegará entonces «el dios que no tiene fin» y cortará la atadura de la carga de nuestra miseria, Xotom Ahau. Y bajará del cielo el castigo de todos, el castigo de todo el mundo. Seguidamente vendrá tiempo de grandes sequías en todas las naciones del mundo.

Sólo quedarán veinte de los Guardianes de la Arena, Guardianes del Mar, como los de Uaymil, como los de Emal. Sepultados serán sus restos en medio del mar al fin de la guerra.

Así será hecho que llegue el Katún siguiente. Se soltará y asomará el pleito del diablo, del Anticristo; se peleará a cuchilladas, saldrá la discordia escondida, se peleará con fusiles, y se combatirá a empujones y a pedradas. Y al acabar este Katún, César Augusto recibirá su limosna en medio de los despoblados.

He aquí que hambres, epidemias y pestes vienen con terrible caminar, en fila en el camino, y una sustituye a la otra.

¡Hermanos, hermanitos, venidos al mundo hijos de ciervos! Cuando llegue el Rey y sea reconocido, será coronado el rostro del Hijo de Dios. Y llegará el Obispo, la Santa Inquisición que se llama, ante Saúl a pedir concordia con los cristianos para que se acabe la opresión y sea el fin de la desgracia.

He aquí que cuando vaya a acabar la guerra grande, se levantarán cinco provincias de la llanura a pelear unas con otras la guerra chica del Uno Ahau Katún.

Tempestades de vorágine son la carga del Katún. Y lluvias continuas, cielos empapados en lluvias.

Se acabarán de golpe las faenas de los campos. Entonces viene la carga de los juicios, llega el tributo. Se pedirán prebendas, ¡con siete palmos de tierra encharcada!

Entonces se hará muy fuerte el servicio de Dios. Dejará de recibir su dinero el Anticristo. No vendrá el Anticristo. No quiere nuestro Padre Dios. No se perderá esta guerra, aquí en esta tierra, porque esta tierra volverá a surgir.

Este es el origen del Anticristo: la avaricia, los avarientos. Si no hubieran venido los «hombres de Dios» no habría despojos, no habría codicia ni menosprecio de la sangre de los otros hombres, ni de las fuerzas de los humildes. De sus propias fuerzas comería cada uno. Cuando vengan los cinco frutos del árbol, comerán los tigrillos, pues está ofendido el Señor del Cielo. Con viruelas acabará este Katún. Se levantará guerra en la Habana. Muchos barcos vendrán.

Segundo

1660

El Doce Ahau Katún es el octavo Katún. Se cuenta en Saclahtún que es el asiento del Katún. De Yaxal Chuen es el rostro del décimo primer cielo. Roja es la faz de su reinado. Juntos en un lazo hay día del cielo y noche del cielo. Es gran trabajador y gran sabio.

Habrá muy buenos Halachuinices, muy buenos Batabes, y habrá muy buena voluntad en las opiniones de todo el mundo. Se enriquecerán los hombres pobres. Cosechas y cosechas son el hablar del Katún, y años ricos y mucha hacienda.

En este buen Katún llegarán lluvias benéficas. Los frutos saldrán como piedras de la tierra. Los cristianos andarán junto con Dios. No habrá entonces ocelotes ni jaguares que muerdan. Entonces se pedirá la doctrina a los Regidores de los pueblos y se abrirá la «puerta de plata», tendrán lugar los casamientos del pueblo. En la casa de los cuatro pisos perdieron nuestros zapatos y a la vez será donde impartirán el cristianismo. Un nuevo día baja sobre nosotros, según decís ahora.

He aquí que va a acabar este Nicté Katún. Vendido acabará. Llegará la palabra del Rey. Y van a llegar siete buenas estrellas de color rojo. Y tendrá ajorcas el cielo. Y habrá recios aguaceros en el año decimoséptimo.

Tercero

1680

El Diez Ahau Katún, Chablé es el asiento del Katún. Allí llegarán sus pobladores. Y los árboles del bosque se doblaran sobre ellos, que serán los Reyes de la Tierra.

Se quemarán las pezuñas de los animales; arderán las arenas del mar; se incendiarán los nidos de los pájaros. Reventarán las cisternas. Grandes sequías son la maldición del Katún. Es la palabra de Nuestro Padre Dios y de la Señora del Cielo. Nadie podrá escapar al filo de la guerra. Es la palabra de Nuestro Padre Dios, Dios Hijo, Señor del Cielo y de la Tierra. Va a desplegarse con todo rigor sobre todos.

Llegará el «Santo Cristiano» trayendo el tiempo en que se conviertan los soberbios de su desvío.

Y nadie podrá evitar que en los días de los grandes soles, se deje ir sobre ellos la palabra de los Sacerdotes Mayas. Es la palabra de Dios.

Cuarto

1700

El Ocho Ahau Katún es el noveno Katún. Itzmal es el asiento del Katún.

¡Kinich Kakmó! Bajarán escudos, bajarán flechas, en pos de los Reyes de la Tierra. Y plantarán la «cabeza» de las comarcas de la llanura, y será la Señora de la Tierra. Será el fin de la esclavitud y de las desdichas de todos. Es la palabra de Dios. Muchas guerras suscitadas por sus moradores.

Quinto

1720

El Seis Ahau Katún es el décimo Katún. Se cuenta en Uxmal, que es el asiento del Katún.

Allí se afirmarán, extendiéndose sobre sus pies. Revuelta es su historia, confuso el reinado de su Rey. Los engañará su perverso hablar. Y entonces bajará Dios el Verbo, y les cortará las gargantas por sus maldades. Y entonces resucitarán a esperar el juicio de Dios Nuestro Padre. Y entrarán al cristianismo con sus vasallos. Todos los nacidos aquí en el mundo abrazarán al cristianismo.

Primero

1740

El Cuatro Ahau Katún es el undécimo Katún. Se cuenta en Chichén Itzá, que es el asiento del Katún.

Llegarán a su Ciudad los Itzaes. Llegarán plumajes, llegarán quetzales. Llegará kantenal, llegará Xekik, llegará Kukulcán. Y detrás de ellos otra vez llegarán los Itzaes. Es la palabra de Dios.

Segundo

1760

El Dos Ahau Katún es el duodécimo Katún. Los mayas regresarán a Cuzamil, que es el asiento de este Katún. Ni poco ni mucho será el pan, ni poca ni mucha será su agua.

Esta es la palabra de Dios. Resonará por algún tiempo el templo de sus dioses. Este es el fin de la palabra de Dios.

Tercero (Juicio)

El Trece Ahau Katún se lee en Kinchil-Cobá que es el asiento del Katún decimotercero.

Todos iguales por dentro, los Reyes de la tierra escucharán el juicio de Dios Nuestro Padre.

Correrá la sangre de los árboles y de las piedras. Arderán el cielo y la tierra. Es la palabra de Dios el Verbo, de Dios Hijo, y de Dios Espíritu Santo. Este es el Santo Juicio de Dios.

Les faltarán las fuerzas al Cielo y a la Tierra. Abrazarán el cristianismo grandes ciudades y sus habitantes. Una muy grande ciudad, que quién sabe cuál es su nombre, gran-

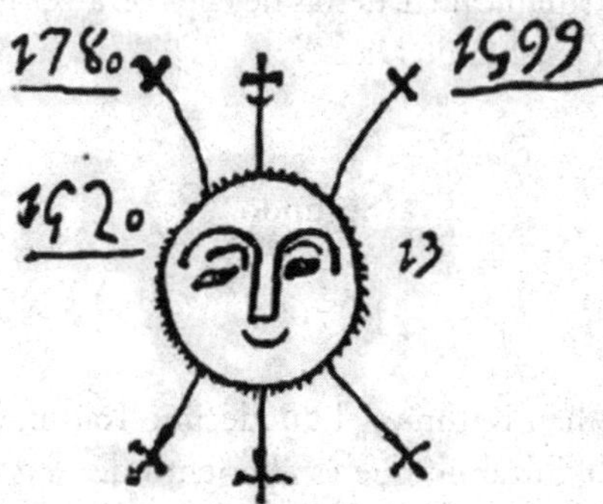

dísima, se tragará ésta nuestra tierra maya de Cuzamil y Mayapán, la de nuestros hombres del Segundo Tiempo, la que está bajo el peso de la rabia, y donde los hijos nacen esclavos; donde al fin se perdió la fuerza y la vergüenza, ¡el alma viva de nuestros hijos en flor!

No tenemos buenos sacerdotes y la causa de nuestra muerte es la sangre corrompida. Sale la luna, se va la luna, se hace entera la luna. Antiguamente podía ser una sola la sangre, y como en el resplandor de los planetas se veía su bondad.

Es el fin de la palabra de Dios. Vendrá sobre ellos el agua del «segundo nacimiento», las «santas almas» recibirán el santo óleo, sin ser obligadas, sino viniendo ello de Dios. Al Santo Cielo irán los cristianos, guardados por su Santa Fe. Y los Itzaes y los Balames dejarán de perderse...

(Falta toda la página siguiente).

...Juicio de Dios a los hombres buenos. «Venid conmigo, vosotros, los hombres benditos de mi Padre, que habéis ganado la gloria eterna, hecha por mi Padre cuando el origen del mundo. Obedecisteis la "palabra dicha", hicisteis penitencia si me ofendisteis antes. Así, pues, vamos al cielo». Y entonces volverá su mirada a los pecadores, que estarán llenos de soberbia. «¡Alejaos de mí, malditos de mi Padre, id al fuego del infierno que no tiene fin, que fue hecho para el diablo por mi Padre. Así, idos con él para siempre al sufrimiento!». Y entonces se irán al infierno los hombres malos. Los hombres buenos irán en pos de Dios Nuestro Padre, a la perpetua gloria, a la justa gloria.

En Josafat hay tres hombres muy servidores de Dios, muy grandes en años por obra de Dios; Elías, Matusalén y Enoc son sus nombres. Viven hasta hoy. Allí están puestos por Dios para cuidar su Silla. Hará cuenta Dios en un valle de la tierra, en una gran llanura. Allí entonces se sentará sobre su Silla Su Majestad. Los de piel de cordero estarán a la derecha; los de piel de chivo estarán a la izquierda. Los que estén a la izquierda, serán los hombres malos, los que no cumplieron todos los mandamientos de Dios. Entonces se irán para siempre a las penas del Infierno, al centro de la Tierra, dicho por nuestro Primer Padre. Entonces dirá a los que están a la derecha del Gran Rey de Dios, los hombres buenos, cumplidores de los mandamientos: «Vamos, vosotros, los benditos de mi Padre; tomad el reino hecho para vosotros desde el principio del mundo».

Entonces se aproximará una gran nube, hecha de estrellas, desde lo alto del cielo, hasta la tierra. Y sonará dulcemente el canto de los ángeles, con una dulzura que no tiene parangón. Y subirá el Verdadero Dios, Señor del Cielo y de la Tierra.

XIV LAS ÚLTIMAS PROFECÍAS

Estas palabras compuestas aquí son para ser pronunciadas al oído de los que no tienen padre y de los que no tienen madre. Estas palabras deben ser ocultas, como se esconde la Joya de la Piedra Preciosa.

Son las que dicen que vendrán a traer el cristianismo, a Tancáh de Mayapán y a Chichén Itzá, y será arrollado

Suhuyuá, y será arrollado el Itzá. Despertará la Tierra por el Oriente, por el Norte, por el Poniente y por el Sur.

Venido de la boca de Dios es, y lo manifiestan cinco sacerdotes. Sacerdotes Adoradores, llegados a la presencia de Dios. Ellos profetizaron la carga de la desesperación para cuando venga a entrar el cristianismo.

He aquí sus nombres escritos:

Chilam-Balam, Gran Sacerdote.
Napuc-Tun, Gran Sacerdote.
Nahau-Pech Gran Sacerdote.
Ah Kuil-Chel, Gran Sacerdote.
Natzin-Yabun-Chan, Gran Sacerdote.

Estos Hombres de Dios, doblando su cerviz sobre la tierra virgen, proclamarán la carga de los sufrimientos, en presencia de Dios Nuestro Padre, para cuando venga a entrar el cristianismo. Vómitos de sangre, pestes, sequías, años de langosta, viruelas, la carga de la miseria, el pleito del diablo.

En el cielo habrá círculos blancos y arderá la tierra, dentro del Tres Ahau Katún y el Uno Ahau Katún y los Tres Katunes malos.

Así fue escrito por el Profeta y Evangelista Balam, lo que vino de la boca del Señor del Cielo y de la Tierra. Y lo pusieron los sacerdotes en escritura sagrada, en el tiempo de los Grandes Soles, en Lahun Chablé.

Dentro del cristianismo llegarán Saúl y don Antonio Martínez, para que los hijos de sus hijos reciban justicias. Y entonces despertará la tierra.

Así está escrito, por mandato del Gran Sacerdote y Profeta Chilam Balam, por el que habla. Amén. Jesús.

Profecía del Sacerdote Napuc Tun

Arderá la tierra y habrá círculos blancos en el cielo. Se derramará la amargura, mientras exista la abundancia. Arderá la tierra y arderá la guerra de opresión. La época se hundirá entre graves trabajos. Cómo será, ya será visto. Será el tiempo del dolor, del llanto y la miseria. Es lo que está por venir.

Profecía de Ah Kuil Chel, Sacerdote

Lo que se infiere de este Katún, Padre, entendedlo así, ya está al llegar. No será arrollada otra vez la estera del Katún, Padre, cuando vendrá en gran demasía el peso del sufrimiento. Vendrá del Norte, vendrá del Poniente. En los días que vamos a tener, ¿qué Sacerdote, qué Profeta dirá rectamente la voz de las Escrituras?

Padre, dentro del Noveno Ahau —entendedlo así todos los que pobláis esta tierra— todas las almas están llenas de grandes y feos pecados.

«¡Ay, dulce era el poderoso tiempo que pasó!», dirán llorando los Señores de esta tierra. ¡Entristeced vuestros espíritus, Itzaes!

Profecía de Nahau Pech, gran sacerdote

En los días que vienen, cuando se detenga el tiempo, Padre, cuando haya entrado en su señorío el Cuarto Katún, se acercará el verdadero conductor del día de Dios. Por esto entristece lo que os digo, Padre, hermanos del mismo vientre; porque el que os visitará, Itzaes, viene para ser el Señor de esta tierra cuando llegue.

Esto viene de la boca de Nahau Pech, sacerdote. En tiempo del Cuarto Ahau Katún, Padre, como hormigas irán los hombres detrás de su alimento; porque como fieras del monte tendrán hambre, y como gavilanes tendrían hambre, y comerán hormigas y tordos, y grajos, y cuervos, y ratas.

Profecía de Natzin Yabun Chan

Quien desde antiguo dijo:

El verdadero Dios de esta tierra, el que esperáis que aparezca, Padre, vendrá traído en hombros de sufridos días. Dad meditación en vuestro entendimiento a su palabra, y el debido juicio. Vuestras almas la recibirán con sinceridad.

¡Hartos de lo que adoráis, Itzaes! Olvidad vuestros perecederos dioses, todos vuestros dioses caducos! Existe el Poderoso Señor, creador del Cielo y de la Tierra.

Duele a vuestro espíritu que os lo diga, Itzaes de los mayas. No queréis oír que existe Dios. Creéis que lo que adoráis es verdadero. Creed ya en estas palabras que os predico.

Profecía de Chilam Balam, que era Cantor, en la antigua Maní

1. En el Trece Ahau, en las postrimerías del Katún, será desarrollado el Itzá y rodará Tancáh, Padre.

2. En señal del único Dios de lo alto, llegará el Árbol sagrado, manifestándose a todos para que sea iluminado el mundo, Padre.

3. Tiempo hará de que la alianza esté concluida, tiempo hará de que esté terminada la ambición, cuando vengan trayendo la señal futura los hombres del Sol, Padre.

4. A un grito de distancia, a una medida de distancia, vendrán y veréis el pájaro mut que sobresale por encima del Árbol de la Vida.

5. Despertará la Tierra por el Norte y por el Poniente. Itzam despertará.

6. Muy cerca viene vuestro Padre, Itzaes; viene vuestro hermano, Ah tan-Tunes.

7. Recibid a vuestros huéspedes que poseen barba y son de las tierras del Oriente, conductores de la señal de Dios, Padre.

8. Buena y sabia es la palabra de Dios que viene a vosotros. Viene el día de vuestra vida. No la perdáis aquí en el mundo, Padre.

«Tú eres el único Dios que nos creaste»: así será la bondadosa palabra de Dios, Padre, del Maestro de nuestras almas. El que la recibiere con toda su fe, al Cielo tras él irá.

10. Pero es el principio de los hombres del Segundo Tiempo.

11. Cuando levanten su señal en alto, cuando la levanten con el Árbol de Vida, todo cambiará de un golpe. Y aparecerá el Sucesor del primer árbol de la tierra, y será manifiesto el cambio para todos.

12. El signo del único Dios de arriba, ese habréis de adorar, Itzaes. Adorad el nuevo signo de los cielos, adoradlo con plena confianza, adorad al verdadero Dios que es éste, Padre.

13. Admitid en vosotros la palabra de Dios único, Padre.

Del cielo viene el que derrama la palabra para vosotros, para vivificar vuestro espíritu, Itzaes.

Amanecerá para aquellos que crean, dentro del Katún que sigue, Padre.

Y ya entra en la noche mi palabra. Yo, que soy Chilam Balam, he explicado la palabra de Dios sobre el mundo, para que la oiga toda la gran comarca de esta tierra, Padre. Es la palabra de Dios, Señor del Cielo y de la Tierra.

* * *

Buena es la palabra de lo alto, Padre. Entra su reino, entra en nuestras almas el verdadero Dios; pero abren allí sus lazos, Padre, los grandes cachorros que se beben a los hermanos esclavos de la tierra. Marchita está la vida y muerto el corazón de sus flores, y los que meten su jícara hasta el fondo, los que estiran todo hasta romperlo, dañan y chupan las flores de los otros. Falsos son sus Reyes, tiranos en sus tronos, avarientos de sus flores. De gente nueva es su lengua, nuevas sus sillas, sus jícaras, sus sombreros; ¡golpeadores de día, afrentadores de noche, magulladores del mundo! Torcida es su garganta, entrecerrados sus ojos; floja es la boca del Rey de su tierra, Padre, el que ahora ya se hace sentir.

No hay verdad en las palabras de los extranjeros. Los hijos de las grandes casas desiertas, los hijos de los grandes hombres de las casas sin nadie, dirán que es cierto que vinieron ellos aquí, Padre. ¿Qué Profeta, qué Sacerdote será el que con rectitud interprete las palabras de estas Escrituras?

FIN

Índice

•FONTANA•

1. **LA DIVINA COMEDIA,** Dante
2. **EL ARTE DE LA GUERRA,** Sun Tzu
3. **LA ILÍADA,** Homero
4. **LA ODISEA,** Homero
5. **LA ENEIDA,** Virgilio
6. **EL RETRATO DE DORIAN GRAY,** Oscar Wilde
7. **LA METAMORFOSIS,** Franz Kafka
8. **FRANKENSTEIN,** Mary Shelley
9. **NECRONOMICÓN, LOS MEJORES RELATOS,** H. P. Lovecraft
10. **ALICIA EN EL PAÍS DE LAS MARAVILLAS,** L. Carroll
11. **A TRAVÉS DEL ESPEJO,** Lewis Carroll
12. **LA VUELTA AL MUNDO EN OCHENTA DÍAS,** J. Verne
13. **DRÁCULA,** Bram Stoker
14. **CUENTOS DE LA SELVA,** Horacio Quiroga
15. **EL FANTASMA DE LA ÓPERA,** Gaston Leroux
16. **LA BELLA Y LA BESTIA,** Velleneuve y Beaumont
17. **DE LA TIERRA A LA LUNA,** Julio Verne
18. **EL PROCESO,** Frank Kafka
19. **CUENTOS DE AMOR DE LOCURA Y DE MUERTE,** H. Quiroga
20. **ROMEO Y JULIETA,** William Shakespeare
21. **ASÍ HABLABA ZARATUSTRA,** Friedrich Nietzsche
22. **MANIFIESTO COMUNISTA,** K. Marx y F. Engels
23. **EL PRÍNCIPE,** Nicolás Maquiavelo
24. **EL KYBALIÓN,** Tres Iniciados
25. **MÁS ALLÁ DEL BIEN Y DEL MAL,** Friedrich Nietzsche
26. **EL ANTICRISTO,** Friedrich Nietzsche
27. **APOLOGÍA DE SÓCRATES,** Platón
28. **DIÁLOGOS,** Platón
29. **METAFÍSICA,** Aristóteles
30. **RETÓRICA,** Aristóteles
31. **ÉTICA A NICÓMACO,** Aristóteles
32. **ELOGIO DE LA LOCURA,** Erasmo de Rotterdam
33. **AURORA,** Friedrich Nietzsche
34. **AZUL...,** Rubén Darío
35. **SELECCIÓN POÉTICA,** Federico García Lorca
36. **SENTIDO Y SENSIBILIDAD,** Jane Austen
37. **EL FANTASMA DE CANTERVILLE Y OTROS RELATOS,** O. Wilde
38. **EL PRÍNCIPE FELIZ Y OTROS CUENTOS,** Oscar Wilde
39. **CORAZÓN: DIARIO DE UN NIÑO,** Edmondo de Amicis
40. **ALREDEDOR DE LA LUNA,** Julio Verne

41. **LA MURALLA CHINA,** Franz Kafka
42. **AMÉRICA,** Franz Kafka
43. **EL PERRO DE LOS BASKERVILLE,** Arthur Conan Doyle
44. **EL DOCTOR JEKYLL Y MISTER HYDE,** Robert Louis Stevenson
45. **YERMA · DOÑA ROSITA LA SOLTERA,** Federico García Lorca
46. **SELECCIÓN DE CUENTOS,** Hermanos Grimm
47. **SELECCIÓN DE CUENTOS,** Christian Andersen
48. **EL MARAVILLOSO MAGO DE OZ,** Lyman Frank Baum
49. **EL CREPÚSCULO DE LOS ÍDOLOS,** Friedrich Nietzsche
50. **LA REPÚBLICA,** Platón
51. **EL CUERVO Y OTROS POEMAS,** Edgar Allan Poe
52. **LA MÁSCARA DE LA MUERTE ROJA Y OTROS RELATOS,** E. A. Poe
53. **EL CONTRATO SOCIAL,** Rousseau
54. **TRES ENSAYOS SOBRE LA TEORÍA SEXUAL,** Sigmund Freud
55. **PRINCIPIOS ELEMENTALES DE LA FILOSOFÍA,** Georges Politzer
56. **POPOL VUH & CHILAM BALAM**
57. **CANCIÓN DE NAVIDAD,** Charles Dickens
58. **EL INVITADO DE DRÁCULA Y OTRAS HISTORIAS DE TERROR,** Bram Stoker
59. **SALOMÉ & UNA MUJER SIN IMPORTANCIA,** Oscar Wilde
60. **INVESTIGACIÓN SOBRE LA NATURALEZA Y CAUSAS DE LA RIQUEZA DE LAS NACIONES,** Adam Smith
61. **EL ESCARABAJO DE ORO Y OTROS RELATOS,** Edgar Allan Poe
62. **HOJAS DE HIERBA,** Walt Whitman
63. **TAO TE KING,** Lao Tse
64. **MARTÍN FIERRO,** José Hernández
65. **MARÍA,** Jorge Isaacs
66. **EL ARTE DE AMAR · EL REMEDIO DEL AMOR,** Ovidio
67. **EL PROFETA · EL JARDÍN DEL PROFETA,** Khalil Gibrán
68. **DESOBEDIENCIA CIVIL Y OTROS TEXTOS,** Henry David Thoreau
69. **EL VALLE DEL TERROR,** Arthur Conan Doyle
70. **LA TEOGONÍA,** Hesíodo
71. **LA CASA DE BERNARDA ALBA · LA ZAPATERA PRODIGIOSA,** Federico García Lorca
72. **LAS FLORES DEL MAL,** Charles Baudelaire
73. **EL TERROR EN LA LITERATURA,** H. P. Lovecraft
74. **EL MUNDO COMO YO LO VEO,** Albert Einstein
75. **LOS MITOS DE CTHULHU,** H. P. Lovecraft
76. **UTOPÍA,** Tomás Moro
77. **EL GATO NEGRO Y OTROS RELATOS,** Edgar Allan Poe
78. **EN LAS MONTAÑAS DE LA LOCURA,** H. P. Lovecraft
79. **CUMBRES BORRASCOSAS,** Emily Brontë